鉄道マンが書いた
世界絵はがき旅日記

田辺多聞 著
Tanabe Tamon

田辺謙三 編
Tanabe Kenzo

風詠社

シェンブルグ城（中部ドイツ）

コモの町とコモ湖(イタリア)

ブルターニュの家庭の様子

ワシントンの議事堂

目　次

プロローグ　3

日本出発　6
ベルリン着　17
1回目のスイス　31
バルカン、イスタンブール、アテネ　49
イタリア　62
2回目のスイス　81
パリ国際会議出席　92
南フランスと3回目のスイス　111
南ドイツ　125

コラムⅠ　琵琶湖疏水と田邉朔郎⑴　126

スカンジナビアとバルト三国　136
チロルと4回目のスイス　157
ベルリンを去る　英国　171
アメリカとカナダ　188

コラムⅡ　琵琶湖疏水と田邉朔郎⑵　195

エピローグ　214
編者あとがき　217

父　田辺多聞に捧げる

編者　田辺謙三

プロローグ

　絵はがきの書き手は田辺多聞。
　彼は38歳。東京帝国大学を卒業し、当時日本が旧満州と朝鮮半島を統治するうえで最重要インフラと位置付けていた朝鮮鉄道に勤めていた。勤務地は京城（現ソウル）。数年前、学習院を卒業した有賀光豊の長女、美佐子と結婚し、二人の男の子を授かっていた。
　鉄道に勤めて15年が経った頃、鉄道省から1年間の長期海外研修を命じられた。任地はベルリン。目的はドイツ及び欧米の鉄道調査と広く世界を見聞して来ることだった。
　ここに紹介する192枚の絵葉書は、ベルリンに滞在中に、仕事の合間と休暇を利用して、当時のヨーロッパをくまなく訪れ、帰路アメリカ経由で帰国するまでの旅の記録であり、また、妻、美佐子に1年にわたり書き続けた旅物語でもある。
　時は、昭和11年（1936年）。この年の8月、ドイツではヒットラーがベルリンオリンピックを開催し国威を鼓舞していた。日本では軍国主義も頂点に達し、陸軍の青年将校が二・二六事件を起こし政府要人を襲撃したのもこの年だった。アメリカではルーズベルトが大統領になり、日独に対抗する姿勢を示し、この頃以降日本と世界は危険な関係になり始めて行く。
　旅は、昭和11年（1936年）11月14日、勤務地、京城の

鉄道職員官舎を前日に出発して、鉄道と船を乗り継いで門司に到着。実家に里帰り中の妻、美佐子が送った旅の荷物を門司駅で受け取った所から始まる。

◎有賀光豊：大蔵官僚、朝鮮殖産銀行頭取、貴族院勅撰議員。

昭和11年(1936年)10月　出発直前の多聞と家族

鉄道マンが書いた
世界絵はがき旅日記

1　今朝7時半門司着。荷物は確かに受け取った。お母様の御厚意によろしく御礼を伝えて下さい。午前中、新造の関釜連絡船「金剛丸」を見せて貰った。今、ちょうど、昼。鉄道の仲間にフグをご馳走になっている。では、いよいよ今日、午後3時下関から出帆。日本領海を去る。ごきげんよう。両親によろしく。

　　11月14日正午　下関にて　多聞

写真：靖国丸（日本郵船　1万2千トン）

◎関釜連絡船：終戦まで日本本土と朝鮮半島、旧満州を結ぶ重要な連絡船。

◎靖国丸：1930年竣工。欧州航路に就航し、横浜～ロンドン間を42日間で結んでいた。日本の著名な学者や文化人もこの船を利用して日欧間を行き来していた。1939年9月、ヒットラーがポーランドに侵攻して第二次大戦が始まると、ヨーロッパにいた多くの日本人を救出する任務を担った。戦時中には日本軍に徴用され、1944年1月トラック島沖で米軍の魚雷を受けて沈没した。

2　今朝10時半シンガポール入港。直ちに上陸。船会社が用意した自動車で街を見物した。熱帯植物が多くて町全体が植物園のような感じがする。人口は60万、英人6千、日本人3千5百、あとは中国人とマレー人だ。白服にカンカン帽でウチワを使っている。

明日正午、出帆。ペナンに向かう。

　11月24日午後1時　シンガポールにて　多聞

写真：シンガポール
◎香港寄港後、10日目にシンガポール入港。
◎当時、シンガポールは英領マレーに属していたが、日本人もイギリス人の半数以上が住んでいた。

3　シンガポールから第2信。午後、素晴らしいドライブウエーを50キロ程北のジョホールまで行った。ここは天然ゴムの大生産地で、いとこの池田旭さんはここでゴム園経営していた。彼のことを想うと感慨深いものがあった。
陽チャン、康チャンよい子か？パパのこと覚えているかな。
　11月24日　多聞

写真：シンガポール

◎陽チャン、康チャン：長男、陽一（2歳8ヶ月）と次男、康雄（3ヶ月）

4　ペナンに寄港後、セイロンのコロンボ、インドのボンベイを経て、今朝、7時アラビア半島の突端、アデンに入港した。2時間ばかり自動車で街を見物。街並みは三日月状をしていた。イスラムの国では三日月は神聖なもので、国旗にも三日月が描かれている。午後2時出帆してスエズに向かう。

　　12月6日　アデンにて　多聞

写真：三日月状の街角アデン（アラビア半島南端）

◎セイロン：当時イギリス領。現スリランカ。首都コロンボは現スリジャヤワルダナプラコッテ。

5 　今朝、午前3時スエズに入港。5時に上陸して早速自動車で出発。真っ暗闇の砂漠の中を80マイルほど行って、朝8時にカイロに着いた。砂漠の夜は途中で明けて、日の出が見事だった。午前中にピラミッドを見物。今、エジプトホテルで昼食をしている。これから汽車でポートサイドへ出て、靖国丸に再乗船する。

　昨夜、船中で電報を受け取った。

　12月10日　カイロにて　多聞

写真：ピラミッドとスフィンクス（エジプト）

◎ピラミッド：写真はギザのピラミッド。紀元前5世紀のギリシアの歴史書に記録があり、この時既に2千年の昔のこととして書かれている。
◎スフィンクス：ピラミッドの守りとして造られ、人の顔とライオンの身体をしている。
◎ポートサイド：スエズ運河北側の町で船の先回りをして再乗船する。スエズ運河の南側の町がスエズ。

任地ベルリンへのルート

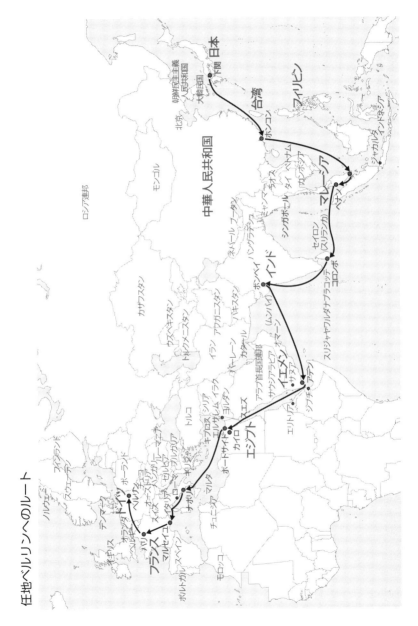

日本出発 ◆ 11

6 　今日、正午ナポリ入港。1時に上陸して、始めて欧州の地を踏んだ。ナポリは古い町でローマ帝国の前に既にギリシャの植民都市だった。だから、起源は紀元前6世紀ぐらいか。ここから25キロの郊外にあるポンペイに行った。発掘も進んでいて、古代ローマの人々の生活ぶりを知ることが出来た。道路は自動車専用で快適な自動車でのドライブが楽しめた。

　12月14日　ナポリにて　多聞

写真：ポンペイの遺跡（イタリア）

◎ポンペイ：西暦79年、ベスビオス火山の噴火で町全体が火山灰で埋没。18世紀から発掘が進み、古代ローマの街の在りし日の姿を正確に知ることが出来る。世界遺産。

7 　今朝、無事マルセイユに入港。午前中、街を見物。昼はLa Cascadeというレストランで名物の魚料理を食べた。むろんこの料理はブイヤベーズだ。午後、マルセイユから海上約3マイル離れた、このシャトウ・デーフへ行った。ここはモンテクリストの小説で有名だ。昨夜は船に戻って、一か月以上も世話になった靖国丸で最後の眠りをとり、今朝8時55分の列車でパリへ行くところだ。パリには今夕、7時着の予定。10時間で走るから非常に速い。

　　12月16日　マルセイユにて　多聞

写真：シャトウ・デーフ（マルセイユ　フランス）
◎シャトウ・デーフ：モンテクリスト伯の小説の舞台。

8　昨夕7時、パリ・モンパルナス駅に着いて、ホテルMessonetに入った。昨夜、藤島さんから電話があったので、今朝10時頃に訪ねて、12時過ぎまで話し込んだ。帰りは彼が運転して送ってくれた。泊まっているホテルは凱旋門やシャンゼリゼー通りにも歩いて行けて、エッフェル塔もセーヌの向こう側に見える。パリはまだ暖かい。外套なんか要らない程の陽気で公園の芝なども青々している。今日は見物して歩いたが流石はパリだ。欧州文化の中心だっただけに実に華麗な建築に富んでいる。今夜は早速、歴史のあるカジノ・ド・パリへ出かけて気楽なオペラを観てきた。4、5日滞在して22日にベルリンに入る。

　12月18日　パリにて　多聞

写真：マドレイヌ寺院（パリ）
◎藤島氏：鉄道省パリ事務所に勤務する大学時代の友人。

9　パリの凱旋門がどれだけ雄大なものかは、周囲の6～7階の建物と比べて見ればよくわかる。広い街路はシャンゼリゼー。幅7～80ｍは充分にあろう。マロニエの並木道が広いから快い散歩ができる。街路に面して椅子を出しているカフェーも多い。冬が到来したばかりでまだ暖かく、表の椅子に掛けて行き交うパリジャンの散歩姿を眺めながらコーヒーを楽しんだ。

　12月20日パリにて　多聞

写真：凱旋門、シャンゼリゼー（パリ）

◎パリの凱旋門：フランスの象徴、エトワール凱旋門のこと。1806年、フランスがアウステリッツの戦いでロシア、オーストリア連合軍に勝利し、ナポレオンの命で建設が始まり1836年完成。高さ50ｍ、幅45ｍ、奥行22ｍ。世界遺産。

10　今朝、9時15分パリ・東駅発。ベルリン行きの急行はベルギーとの国境駅にも停車せずに、行きなりChalloirシャロアと云う駅に着いた。それから有名なLiegeリエージュに約20分間止まった。この絵葉書は、パリで換金したベルギーの通貨を使って見たくて駅の売店で買ったものだ。この列車はベルギーをわずか3時間で通過してしまった。

　　12月22日　ベルリンへ向かう車中にて　多聞

写真：リエージュのマーケット広場（ベルギー）

◎リエージュ：古い町で、ローマ時代にはすでに入植が始まって、中世には教会の町として栄えた。ワッフルも有名。

11　22日、朝9時15分パリ・東駅発、同夜11時24分にベルリンに着いた。この間の距離1200キロ。1時間の時差があるので13時間で走ったことになる。平均時速93キロで実に速い。ドイツの客車はフランスのものより更に乗り心地が良かった。ベルリンのブランデンブルグ門をパリのエトワールと比べると雲泥の差があり貧弱だ。大きさは十分の一位だろう。

　下宿のホテルプラガーハウスに落ち着いた。

　12月25日　ベルリンにて　多聞

写真：ブランデンブルグ門（ベルリン）

◎ブランデンブルク門：1730年代に現ドイツの生みの親、プロイセン王の命で建設。1790年代に竣工。第二次大戦では大きな被害を受けたが再建され、今も昔もドイツのシンボル的存在。

12 手紙と新聞など受け取った。有難う。面白く見ている。手紙は 12 月 22 日到着。その翌日鉄道省事務所へ行って、京都からのを 2 通受け取り、その後、また 2 通、最近は、12 月 14 日付のものを 1 月 4 日に受け取った。仕事のものが多くて手紙の洪水に見舞われている。インド洋経由の船便よりもシベリヤ経由の鉄道便の方が速く着くから、差出の日付をよく見ないと話しの前後が混乱してしまう。渡米に間に合うようせいぜい勉強しておいて下さい。

　　昭和 12 年（1937 年）1 月 8 日　ハンブルクにて　多聞

写真：繁栄するハンブルク港

◎ハンブルク：ドイツ第二の都市で、中世から周辺領主に対抗するため結束した都市連合、ハンザ同盟都市の中心的存在。
◎妻、美佐子は 10 カ月後にアメリカで合流する予定をしていた。そのための英語の勉強をしていたと思われる。
◎鉄道便：シベリヤ鉄道は日露戦争最中に全線開通した。戦前まで日欧間の郵便物はシベリヤ経由の鉄道便が一般的だった。

13　今日の日曜は朝から少し寒かったが、耳が痛い程ではなかった。ベルリンは北緯52度。午後から南の郊外へ、ドイツが世界一と自慢するテンペルホフ空港を見に行った。中央の建物の2階には待合室やレストランがある。ビールを飲みながら日が暮れて、空港のBERLINの夜間標識がはっきり浮かび上がるまで本を読みながら過ごしていた。

　1月10日　ベルリンにて　多聞

写真：テンペルホフ空港（ベルリン）

◎テンペルホフ空港：ベルリン郊外に1923年開港。ヒットラー政権下で重要な役割を果たしていた。大戦後の冷戦下、東西ドイツの時代に西側諸国の物資輸送のため「ベルリン大空輸作戦」で使用された。飛行機の大型化により2008年に閉鎖。

14　今日、19 日付の手紙受け取った。康雄チャンの風邪大したことがなくて良かった。新聞は 12 月 25 日付まで届いている。有難う。

　写真はベルリン下町における銀座尾張町と云ったところ。縦の広い通りがウンターデンリンデンの大通り。

　横の狭い通りがフリードリッヒ通り、左の建物がスイスハウスで 4 階に正金銀行がある。1 階にはビクトリアという美味いカフェがある。

　ウンターデンリンデンの通りを右へ行くとベルリン国立歌劇場もある。

　　1 月 11 日　ベルリンにて　多聞

写真：ウンターデンリンデン通りとスイスハウス（左）（ベルリン）
◎銀座尾張町：銀座 4 丁目あたり。
◎ウンターデンリンデン通り：ベルリンで一番の大通り。
◎正金銀行：戦前の外国為替が専門の横浜正金銀行。戦後は東京銀行となり、現在は三菱 UFJ 銀行の一部になっている。

15　ウンターデンリンデンの大通りは、このブランデンブルグ門に始まる。後ろの森がティアガルテン公園。中央の高い塔は普仏戦争の戦勝記念塔。右のドームは国会議事堂。クロールオペラ座と云うのが戦勝記念塔の左に僅かに見える。今は人気が無くて使われていない。何か急用があったら、電報は次の宛名を使うと便利だ。Tanabe, Tetsudosho, Berlin　3字ですむ。

　1月12日　ベルリンにて　多聞

写真：ブランデンブルグ門とパリザー広場（ベルリン）
◎クロールオペラ座：ベルリンの由緒あるオペラ劇場だったが、戦前に閉鎖された。
◎ティアガルテン：19世紀中ごろまで王家の狩猟場だった。

16 　先月の今日、ナポリで初めて欧州の地を踏んでから丁度1カ月になる。早いものだ。今夜は写真の国立オペラ座でMartha マルタを観賞した。第2幕でマルタが「庭の千草」Tis the last rose of summer を歌っていた。

　この歌はアイルランドの民謡で、マルタが歌うので世界的に有名になって、日本でもよく知られている歌だ。

　夜の8時に始まり10時半に終わった。音の綺麗な楽しいオペラだった。2階正面、2列目の席で観たが8マルク50ペニッヒ。とても安い。1マルクは75銭見当。服装も普通の背広で気軽に観られる。

　1月14日　ベルリンにて　多聞

写真：ベルリン国立オペラ座とウンターデンリンデン通り

17　写真の下方に見えるUの文字が地下鉄のヴィクトリア・ルイゼ駅の入り口。ここから左の方へ500m程行くと下宿のホテルプラガーハウスがあって、プラガープラッツ広場へ出る。ウンターデンリンデン大通の銀行や国立オペラ座へ行くにもこの地下鉄を利用する。

　ベルリンの地下鉄網はパリ程発達していないが、それでも市内の大抵の所へはこれで行ける。自動開閉ドアがないなどは東京より設備が遅れている。下宿の住所は、

T.Tanabe　bei Hotel Pragarhaus, PragarPlatz, Berlin W.

　1月16日　ベルリンにて　多聞

写真：ヴィクトリア・ルイゼ広場（ベルリン）
◎ヴィクトリア・ルイゼはドイツ皇帝ウィリヘルム2世の一人娘。1892年〜1890年。

Frohes neues Jahr

18 この切手は冬季救民救済事業の一環で、額面の２倍で売っていた。昨夜、国立オペラ座でワーグナーの「さまよえるオランダ人」Der Fliegende Holländer を観に行った時、店で珍しい切手を売っていたので買った。他にも青年団が街頭で空き缶を出して寄付を集める活動をしている。

　　１月17日　ベルリンにて　多聞

　写真：Frohes neues Jahr（めでたい新年）
　　　説明の文字はヒットラーの時代に使われていた。

19 これはベルリン大学の本館。ウンターデンリンデン大通りに面し、国立オペラ座に向かい合っている。東京で言えば丸の内だから大学の位置としては妙なものだ。ここに外国人のためにドイツ語を教える講座があるから受講することにした、1月25日に始まって3月20日に終わるから都合がいい。今日は大雪、ベルリンに来て初めての雪だ。相当に寒くて、戸外を歩くと耳が痛くなる。

　1月19日　ベルリンにて　多聞

写真：ベルリン大学（ベルリン）

◎ベルリン大学：有名なフンボルト大学のこと。戦後は東ベルリン地区に含まれ、西ベルリンではベルリン自由大学を創った。今では、両大学ともドイツのトップ大学。

20 一昨日、20日は、ベルリンから25マイル西方にあるポツダム宮殿へ行った。雪が降った翌日の非常に寒い日で少し物好きに類する方だったが、春先に来れば実にいい所だろうなとも思った。ここの宮殿はドイツのベルサイユで、フリードリッヒ大帝が建て、歴代のカイザーが離宮として使用していたものだ。大戦後は郊外の名所として一般に開放している。

　1月22日　ベルリンにて　多聞

写真：サンスーシー宮殿（ポツダム）

◎大戦：第一次大戦（1914年～1918年）のこと
◎サンスーシー宮殿：近代ドイツの元となったプロイセン王国時代にフリードリヒ2世の命で18世紀中ごろに建てられた。

21　今日は気温が零下15度。屋内であれば問題ないが外へ出ると耳がちぎれるほど痛い。京都から送ってくれたオーバー、写真、羊羹、塩昆布などありがとう。羊羹は特に有難く美味しく食べた。ただし、最近のドイツの税関はかなりヤカマシイ。手続きも面倒になったし、羊羹にも1マルク70ペニッヒの禁止的な関税がかかった。だから、なるべく物は送らない方がいい。

　1月25日　ベルリンにて　多聞

写真：1930年代中頃のドイツ空軍の練習機

◎税関はかなりヤカマシイ：前年11月に「日独防共協定」が締結された。世界にきな臭い兆候も表れ始め、ドイツ経済も困難さが漂い始めていた。

22 1月5日の手紙が着いた。寒気のためシベリヤ鉄道が不通だったが開通したようだ。予想していた通り各方面からの手紙が一斉に配達されて手紙の洪水に見舞われている。その後、こちらも不精していて、約束のベルリンフィルのニューイヤーコンサートのことがまだ書けないでいる。明朝より31日までの3日間、チェコ国境近くのAscheberg アシェベルグというところへスキーに出かけるので今夜はこれだけで御免を蒙ろう。

　今、国立オペラ座でカバレリアルスチカーナを観て帰って来たところ。

　1月28日　ベルリンにて　多聞

写真：サンスーシー宮殿（ポツダム）
◎カバレリア・ルスチカーナ：ピエトロ・マスカーニのオペラ。イタリアのシシリー島が舞台。
◎ポツダム：ベルリンの西25キロ。1945年7月26日、米英中による「ポツダム宣言」が採択された地。

23 忙しかったのでスキーは取りやめた。今日は日曜日。午後から急に思い立って、1時10分の汽車でベルリンから南の Dresden ドレスデンに来た。2時55分着。距離は180キロ、1時間ばかり自動車で見物。ザクセンの州都で人口は40万。大した町ではない。やはり田舎だ。但し、有名な光学会社カールツァイスはここにある。これから Leipzig ライプチヒに行って、今夜11時にベルリンに帰る予定。今、汽車はドレスデンを出て車中で書いている。

　1月31日午後、ライプチヒへ向かう車中にて　多聞

写真：エルベ川とドレスデン（ドイツ）

◎ドレスデン：ザクセン州の州都でチェコ国境にも近い。第二次世界大戦では徹底的に破壊された。

24 昨夜10時過ぎベルリンに戻った。ライプチヒはもう夜になったし、ベルリン行き列車の都合もあって、駅前を1時間ばかり散歩しただけだった。また、ゆっくり来ることにしよう。ここはザクセン州最大の都市で人口もドレスデンより多い。写真はライプチヒ駅だが欧州第一の駅だと当局は自慢している。1億5千万マルク掛かったというのは線路や操車場やら一切を入れての額だろう。とにかく大きな駅だ。26本の車線が入っているところは壮観だ。

　2月1日　ベルリンにて　多聞

写真：ライプチヒ駅（ドイツ）

◎ライプチヒ：中部ドイツ。文化芸術の都市としても知られている。バッハ、メンデルスゾーン、滝廉太郎などのゆかりの音楽の町でもあり、ゲバントハウス管弦楽団の本拠地。森鴎外もここに学んだ。

25　スイスの Davos ダボスにいる。一昨夜9時21分ベルリン発、昨日午後4時40分にダボス着いて、Hotel Angleterre に泊っている。ここでは二流のホテルだ。3食付1泊17フラン（1スイスフランは80銭）。大して高くはない。スイスでは今のところ冬季は宿泊料が高い。今は、ウィンタースポーツのシーズンでホテルはどこも満員。明日、電車で3時間の St. Moritz サンモリッツへ行く。

　2月8日朝　ダボス（スイス）にて　多聞

写真：雪のダボス（スイス）

◎ダボス：山麓のリゾートタウン。スイスの東の端にある。今では、毎年「世界経済フォーラム」が開かれ、世界の政財界人や文化人が一堂に会する。

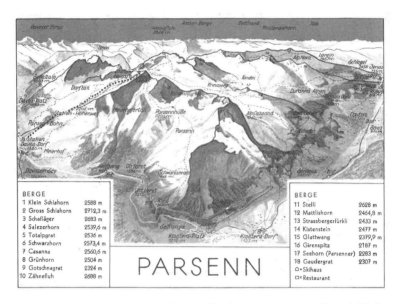

26 　ダボスから第２信。今日は快晴。ベルリンの鈍い太陽を見ている者にはここの強い日差しは有難い。午前中ここのゲレンデでスキーをした。異常に暖かいので雪は良くない。ゲレンデには100 mばかりのロープで一人ずつ引っ張り上げてくれる設備がある。4回券が1フラン。午後は、この図の左にある太い点線の登山電車に乗って Parsenn パーセン地区の Weissfluhjoch ヴァイスフルヨッホまで行った。海抜2660 m、ダボスが1560 mだから更に1000 m高い。実に雄大だった。登山電車は往復8.75フラン。頂上駅に気の利いたカフェがあった。

　２月８日夜　ダボス（スイス）にて　多聞

写真：パーセン地区の山々（ダボスエリア）

27　陽一君、康雄君

　お父様は今、真っ白なお国に居ますよ。そしてスキーをしています。陽一君のお誕生日が来ますね。嬉しいでせう。康雄君のお誕生日はまだだね。

　2月10日　サンモリッツにて　パパ

28 昨日、午後2時ダボス発、午後5時 St. Moritz サンモリッツ着。ここはダボスより150ｍ高く、ダボスからここまでは峡谷を縫い、断崖を渡って絶景だった。サンモリッツはダボスと並び称せられるウィンタースポーツの中心だが、ダボスがスキーを主としているのに対し、ここはむしろスケート設備の方が完備している。大抵の大きなホテルには素晴らしい専用のリンクがある。スケートをしている連中は驚くほど上手だ。ここにはスキー用の登山鉄道もあって、写真の左下の白い大きな建物が今泊っているグランドホテルでここの一流だ。

　2月10日　サンモリッツにて　多聞

写真：サンモリッツとグランドホテル（スイス）

29 昨朝10時20分サンモリッツ発、午後6時半 Milan ミラノに着いた。1mゲージの Berninabahn ベルニナバーンで西イタリア国境を Tirano ティラーノへ抜けて、Sandrio サンドリオで広軌のイタリア国鉄に乗り換えた。アルプスの夕映えを背にコモ湖畔を下って、午後6時半にミラノに着いた。早速スカラ座でオペラを観賞。スカラ座は水木土日の週4日しか開けていないが、ちょうど、昨日は木曜日でボエームを上演していたので夕食後に出かけた。9時に始まって深夜12時に終わった。3千人の席があり実に立派なオペラ座だ。欧州ではここが一番だろう。観客は殆どがドレスを着ているし、ニース、カンヌ辺りの客も来るためか外国人も相当多く、また、婦人客の服装が奇麗だ。明日 Simpron シンプロンを通って再びスイスに入る。

　2月12日　ミラノ、ホテルエクセルシオールにて　多聞

写真：ジュセッペ・ルゴ（人気のオペラ歌手）左
　　　ニヴェス・ポリ（人気のオペラ歌手）右

◎ボエーム：ラ・ボエーム。プッチーニの作曲のオペラ。
◎シンプロン：スイスとイタリアを結ぶアルプスのトンネル。1982年に上越線新清水トンネルが完成するまで世界最長を誇っていた。スイス側のブリークとイタリア側のドモドッソラを結ぶ。

30　今朝、10時25分ミラノ発、再びスイスに Jungfrau ユングフラウを見るために入った。北イタリアの景色は素晴らしい、とくに Maggiore マジョーレ湖畔がいい。世界最長で20キロのシンプロンの大隧道を15分間で抜けると、イタリアの碧空に引きかえ寒々と雪が降っていた。列車は北上を続けて Candelsteg カンデルステーヒを過ぎて Frutigen フルティンゲンに到着した。ここでバスに乗り換えて雪道を1時間ほど山の中に入ると、中部スイスで有名な Adelboden アデルボーデンに着く。

　明日は午後からミューレンへ行く。

　2月13日　アデルボーデン　ホテルベレビュウにて　多聞

写真：アデルボーデンの村とシグリスワイラー　ロットホーン　（2051m）(中部スイス)

31 アデルボーデンの雪は良かった。あんなにいい雪でスキーをしたのは初めてだ。それに背景が大きい。ホテルからバスで30分程登ると、手前の小さな建物があるZeilsザイルスというところに着く。写真に見える様な設備で上の小屋まで昇る。1回2フラン。フラムという20人ぐらい乗れる大きなソリでゲレンデの上からロープで引き上げる。そして、写真下に見える建物から2キロばかりの滑降は「コタエラレナイ」ほど爽快だった。

　今からGrindelwaldグリンデルワルドに行くのでインターラーケンの駅で登山電車を待っているところだ。

　2月13日　インターラーケン駅にて　多聞

写真：アデルボーデンのゲレンデ（中部スイス）
◎フラム：船型のソリでやまの上からロープで引き上げる。

32 昨夜7時45分の汽車でInterlakenインターラーケン発、8時47分グリンデルワルド着。ゾンネベルクという山小屋風のペンションに泊まった。家族的で非常に居心地が良かった。今朝は10時半の電車に乗って2000 mのKleine Scheideggクライネシャイデッグまで登り、(グリンデルワルドが1000 m)山頂のカフェでユングフラウ、メンヒ、アイガーの山々を飽きずに眺めていた。

　この写真は夏のものだが、今は雪が2 m以上積もっている。

　シャイデッグとグリンデルワルドの中程あるアルピグレンと云う一軒家のペンションに立ち寄った。ここで飲んだ牛乳が美味かったこと。

　2月14日　グリンデルワルドにて　多聞

写真：アルピグレンのペンション
　　　（グリンデルワルドとクライネシャイデッグの中間）

33 昨日、再びクライネシャイデッグを電車で越えて、Wengen ヴェンゲン、Lauterburnnen ロウターブルンネンを経てこの町 Mürren ミューレン（海抜1600m）までやって来た。ちょうど、今一滑りしてホテルのバルコニーで日光をいっぱいに浴びながら書いている。ミューレンは、昔からユングフラウ、アイガー、メンヒ

を眺望するのに絶好の場所として有名なところ。とくに写真左のアイガーの真っ白な雪の姿が崇高だ。辻村伊助氏の『スウィス日記』を読んでも、名文家の彼をもってしても筆紙に尽くせないと言っている。今日は特に良い天気に恵まれた。午後、山を下りてベルリンに帰る。

　2月16日昼　ミューレンにて　多聞

写真：ミューレンからのアイガー、メンヒの雄姿

◎辻村伊助：明治の登山家。名文家としても知られ、著書『スウィス日記』は山好きには多く読まれたようだ。多聞も旅行に携行している。

34 午後4時半の電車でミューレンをたち、懐かしいスイスの山々に別れを告げた。インターラーケンの一つ手前の駅まで降りて来た時、振返えるとユングフラウがバラ色に輝いていて、山の姿の美しさに暫く見とれていた。時間の都合で今日はベルンに泊まることにした。ベルンはスイスの首都。明朝早くここをたってベルリンに夜8時に着く。

　2月16日夜　ベルンにて　多聞

写真:ベルンとアルプス（左からアイガー、メンヒ、ユングフラウ）
◎ミューレン：ベルナー・オーバーラントにある人口500人程の小さな山村。

35 　去る3月5日、ベルリンから Schlesien シレジア地方に来た。今、チェコスロバキアとの国境に近い Bad Charlottenbrunn バートシャルロッテンブルンという温泉村に居る。ここでは冷泉を飲んで、モミに似た木の葉のエッセンスを温泉に混ぜて入浴する。神経痛に効くそうだ。神経痛になったという訳ではないが。実はこの地方はスキーに良いと聞いてきたのだが時期は既に遅かった。ここの村人は実に親切で日本人が珍しいと言って歓迎してくれる。この地方の風俗や名所を案内してもらって、1週間ばかり腰を落ち着けている。写真は昨日訪れた14世紀ごろの古城。

　3月9日　バート・シャーロッテンブルンにて　多聞

写真：14世紀頃のキンスブルクの古城　シレジア地方（ドイツ）

◎シレジア地方：当時ドイツ領。豊富な地下資源を巡って帰属国がしばしば変わった。戦後ドイツ・ポーランドの国境がオーデル川とナイセ川に定められ現在はポーランド領。チェコとの国境近くに温泉リゾートが点在しバート・シャーロッテンブルンはその一つ。戦後ポーランド語の呼称に変わり Jedlina-Zdroj ジェドリナ・ズドロジとなっている。

36 陽一君　お誕生日が来ましたね。おめでとう。
　　まる、三つになったのでせう？　康雄君によろしく。
　　3月12日　ベルリンにて　パパ

写真：お誕生日おめでとう

37　ベルリンも暖かくなった。もう春だ。公園や街の隅々の芝生の色も青々としている。

今日は午後から博物館に行って絵を観てきた。

ルーブルとは比べ物にならないが、それでもよく集めている。レンブラントの作品は20点ばかりあったし、チチアーノ、バンダイク、ラファエロなどが見られる。有名なボッテセリのヴィーナスはここにある。

　3月17日　ベルリンにて　多聞

写真：ボッテセリのヴィーナス

38 3月6日付、8日付の手紙を本日受け取った。こちらから届けた品物も全部届いた由、安心した。大してお気に召すものが無くて甚だ遺憾でしたな。今日は暖かい春日和だったので、欧州に来て初めてのゴルフをベルリン郊外のワンゼーのコースで楽しんだ。このコースはドイツでは良い方だと言っているが日本で言えば三流どころの貧弱なものだ。但し27ホールある。明日から4日間、イースターの休みの間、ハルツ山地の旅行に出かける。シレジア地方の旅の後、ベルリンでボヤボヤしていたのでスカンジナビアへ行けなかった。来月旅する予定。旅行先の調べもしないと時間が足りなくなりそうだ。

　3月25日　ベルリンにて　多聞

写真：ベルリン郊外のワンゼーゴルフ場

39　3月26日朝、ベルリンを出発。中部ドイツ、Sachsen ザクセンの旅をして Magdeburg マグデブルグ、Harz ハルツ山地を経て Kassel カッセルに出た。今日、ゲーテ街道沿いの Eeisenach アイゼナハの町の丘の上に登り、このワルトブルク城を見学した。この城は13世紀のもので、ワーグナーのオペラ、タンホイザーで有名なワルトブルクの歌合戦でも知られている。また、宗教改革のマルチン・ルターが隠れ住んだ所だ。

　　3月28日　ワルトブルク城にて　多聞

写真：ワルトブルク城（中部ドイツ）

◎アイゼナハ：バッハの生誕地。
◎マグデブルグ：中部ドイツ、ザクセン・アンハルト州の州都。
◎ザクセン：中央ドイツ。
◎ハルツ山地方：中部ドイツ山岳地帯。中世には魔女の住む山と伝えられていた。
◎ワルトブルグ城：起源は11世紀までさかのぼる古城。世界遺産。

Burgruine Schönburg bei Naumburg a. S.

40 昨夜9時ベルリンに帰ってきた。今度の旅行は4日間で全行程を自動車で旅した。中部ドイツの田舎の様子を見るには実に良い機会だった。昨朝は州都エアフルトを出て東に20キロ、ワイマールに立ち寄りゲーテとシラーの住居を訪ねた後、写真のNaumburgナウムブルクのシェンブルグ城で昼食をした。ニーチェがこの城で仲間と共にゲルマニアという研究会を開いていたと云う案内があった。午後ウィッテンベルクでルターの宗教改革関連の史跡を訪ねた。

今日は陽ちゃんの誕生日。

来週からは暫くバルカン～トルコ～ギリシャの旅行に出かける。

3月30日　ベルリンにて　多聞

写真：シェンブルグ城（中部ドイツ）

41 　今朝7時47分ベルリン発、午後1時30分、チェコスロバキアの首都プラハに着いた。朝食はベルリンで、昼食はプラハでという、350キロ程度の近い距離だがドイツ語は全く通じない。小民族分立の欧州の実態をよく表している。Dresdenドレスデンからエルベ川の上流に沿って国境を越えると家並みや農民の服装などがボヘミア風に変わってくる。プラハは人口80万。中欧の都市として8世紀から繁栄している。写真はプラハ城で、中央官庁や大使館が入っている。

　　4月6日　プラハにて　多聞

写真：ブルタバ川、カレル橋、プラハ城（チェコスロバキア）
◎プラハ城：フラカヌイの丘にあり、1000年以上の歴史がある。世界最大の城とも言われ、かつては、ボヘミア国王や神聖ローマ帝国皇帝の居城でもあった。

42　今朝8時40分プラハ発、南へ300キロ程汽車に乗って午後3時半にウィーンに到着した。途中、Gmund グミュントでオーストリアに入ると言葉が途端にドイツ語に変わった。ウィーンは落ち着いた美しい都だ。人口は200万でドナウの流れに沿っている。昨夜は早速、国立オペラ座に行った。丁度、「売られた花嫁」を上演中で、早速行って来た。ボヘミア風俗の美しい舞踏の多い愉快なオペラだった。

　4月8日朝　ウィーンにて　多聞

写真：ウィーン国立オペラ座（オーストリア）

43 朝から王宮や博物館、シェーンブルンの離宮などを見て、午後はこの丘の上の古城まで来た。この城は12世紀にオーストリア辺境伯が建てそうだ。城の中に洒落たカフェーがあってコーヒーを飲みながらドナウの景色を楽しんだ。

　4月8日夜　ウィーンにて　多聞

写真：ウィーンの丘とオポルドベルグ城

◎ウィーン：2000年前、ローマ時代にはウィンドボナと呼ばれていた。かつては、ヨーロッパ数ヶ国を支配した「ハプスブルグ帝国」の首都。マリー・アントワネットはここからパリへ旅立った。

44 昨日午前10時ウィーン発、汽車で250キロ程東へ、午後2時ブダペストに着いた。途中、Brastilava ブラスチラバで再びチェコスロバキアに入り、ドナウの上流に向かって進んだ。この都はすでに花盛りだ。今、河畔のホテルハンガリアに泊まっている。ドナウ沿いのカフェで休んでいると散歩する外国人の姿が色々で面白い。観光都市として欧州各地の人々に人気がある。

　4月10日　ブダペスト（ハンガリー）にて　多聞

写真：カロチャ刺繍の衣装を着た女性

◎カロチャ：ハンガリーでも有数の古い町。この地方の刺繍は白を基調としながらもカラフルで世界的に人気がある。

45 　今日午後2時半ブダペスト発、ハンガリーの大平原を南へ走り、5時に国境を越えてSuboticaスボチカでユーゴスラビアに入った。昔のセルビアだ。夜9時半に首都のベオグラード着。ホテルセルビアに泊まっている。駅から1キロ程の小高い丘の上にあって、街全体が見渡せる。明朝は早く、パリ・イスタンブール間を直通で走るオリエント急行で7時半に出発してイスタンブールへ向かう。ブダペスト迄来る人は多いが、そこまで行き先を延ばす日本人は少ないだろう。

　4月11日夜　ベオグラードにて　多聞

写真：ベオグラード市内とドナウ川（ユーゴスラビア）

◎ユーゴースラビア：第二次大戦後も暫くカリスマ政治家チトーが多民族、多宗教のモザイク国家を一つにまとめていた。彼が死ぬと間もなく崩壊。今では、北からスロベニア、クロアチア、ボスニア・ヘルツェゴビナ、セルビア、モンテネグロ、コソボ、マケドニアに分かれている。

◎オリエント急行：戦後、小説や映画で紹介されて日本でも知られるようになった。

46　12日、朝、7時半、ベオグラード発。なだらかな丘陵地帯を南下して午後2時半 Dragoman ドラゴマンでブルガリアに入った。午後4時半、首都 Sofiya ソフィア着。停車中に、この絵はがきと切手を買って車中で書いている。ソフィアは人口28万、バルカンの交通の要所だ。背後の山にはまだ雪が見える。沿線は丘陵が多くクイーキと云う桜に似た花が満開だ。明朝イスタンブールに着く。

　4月12日　オリエント急行車内にて

　　　　　　　　多聞

写真：ソフィアの街とアレクサンドルネフスキー大聖堂

◎アレクサンドルネフスキー大聖堂：ブルガリア正教の本山でドームが特徴。

47　今朝、6時過ぎオリエント急行の終着駅、イスタンブール・シルケジ駅に着いた。目の前がボスポラス海峡で、橋か船で簡単にアジア側に渡れる。ホテルには早朝に入り昼前迄休憩した。昼食を駐在武官の磯村さんの家でご馳走になり、午後は彼が運転して街を案内してくれた。

　ダーダネルス海峡を挟んで両側の傾斜地に発展した街の夜景が美しいそうだ。残念なことに街は薄汚くやはり東洋匂が多分にする。近年はインフレがひどく物価もかなり高いようだ。写真は有名なイスラム寺院。日程の都合でここには18時間しか滞在できない。今夜の内に次のアテネに向かう。

　4月13日　イスタンブールにて　多聞

写真：アヤソフィア（イスタンブール・トルコ）

48　13日、夕方6時、再びオリエント急行でイスタンブール・シルケジ駅を出発した。汽車はバルカンを北へ550キロ、ブルガリアのソフィアに戻った。14日夕方6時過ぎ、北から来たシンプロン急行に乗り換えて夜8時にソフィア出て今度は南下した。Kurataクラータ、Thessalonikiテサロニキを経由して600キロを走り、アテネには15日の朝10時15分に着いた。

　長旅だったが沿線の様子から国情も垣間見ることができたのは良かった。また、アテネではアクロポリスの丘に登り、パルテノンの神殿を訪ねた。ギリシャ神話や歴史に触れることが出来たのは幸せなことだった。これより一路ベルリンに帰る。

　4月16日　出発前のアテネ駅にて　多聞

写真：パルテノン神殿（アテネ・ギリシャ）

49 今、アテネからベルリンに向かうシンプロン急行の車中で書いている。明朝はアレクサンドロス大王の出身地 Macedonia マケドニア経て、明後日の朝はブダペスト、その晩はベルリンの人になれる。アテネの博物館には古代ギリシャの彫刻が山とあるが、目を引いたのは、アフロディーテの生けるが如きふくよかな曲線美だった。

4月16日夜　シンプロン急行の車中にて　多聞

写真：アテネ国立博物館のアフロディーテ（ギリシャ）

◎アレクサンドロス大王：マケドニアの出身。BC356年〜323年。32歳で没。今のエジプト、トルコ、中東、インドに至るまでの地域を征服した。ギリシャ文化とオリエント文化が融合したヘレニズム文化は、彼の死後後継者たちによって受け継がれた。

50　16日夜10時半、アテネ発。18日朝7時、ブダペストでベルリン行き急行に乗り換えて、18日夜11時にベルリンに戻った。丸2日間の列車の旅だった。乗ったオリエント急行もシンプロン急行も豪華な列車で食堂車、個室や寝台も良く出来ていた。

　ただ、満鉄の特急アジアと比べると速さも設備も見劣りがする。日本が誇る鉄道技術だけのことはある。

　ベルリンに帰ったら3月27日付の手紙が待っていた。ちょうど留守をしていたので、そちらの筆不精を痛感しないで済んだ。

　一昨日朝、日の丸飛行隊がベルリンに飛んできて大歓迎を受けている。

　4月19日　ベルリンにて　多聞

写真：サルコズ刺繍の衣装を着た女性（ハンガリー）

◎日の丸飛行隊：戦前という時代を反映している。
◎満鉄の特急アジア：南満州鉄道が誇った当時世界最速の豪華特急列車。時速130キロで走り、豪華なインテリアの食堂車、個室、展望車が備わっていた。

51 2週間ばかりイタリアの旅行に出かける。25日夜、9時ベルリン発、26日朝、7時半ミュンヘンを通過、9時半にSalzburgザルツブルクに着いた。ベルリンから真南へ約550キロ、ザルツアッハ川に沿った山間の美しい町だ。人口は4万。モーツアルトの生家を訪ねてきた。ここは音楽都市で夏のシーズンには音楽祭が開かれる。26日は朝から春雨がしめやかに降ってカスタニエの街路樹の新緑が美しい。これから正午過ぎにザルツブルクを出発して、山岳地帯を東へ150キロ、今夜はLeobenレオーベンに泊まり、明日、イタリアに入る。

　4月26日朝　ザルツブルクにて　多聞

写真：ザルツブルクとザルツアッハ川、ホーエンザルツブルク城
◎ホーエンザルツブルク城：11世紀にさかのぼる由緒ある古城。世界遺産。

52 午後12時15分、ザルツブルグ発。中部オーストリアの山岳地方を東へ進み、午後5時レオーベンに着いた。ここは山間の避暑地、人口は1万2千。製鉄所があり鉱山学校もある。汽車はザルツブルクから山間を谷に沿って走るが僅かな土地を農民が家族で耕している風景は日本そのままだ。新緑が鮮やかで目が覚めるように美しかった。明日、27日は、オーストリアとイタリアの国境を越えてベニスに出る。

　4月26日夜　レオーベンにて　多聞

写真：レオーベンの町（オーストリア）

53 　今朝、レオーベンを出発。今、イタリアとの国境に近いKlagenfurtクラーゲンフェルトの町で昼食を取っている。ここは人口4万、この辺りでは一寸した中心だ。ここから山越えでイタリアに入るまでアルプスの眺めが素晴らしい筈だ。

　4月27日午後1時　クラーゲンフェルトにて　多聞

写真：クラーゲンフェルトの町（オーストリア）

◎クラーゲンフェルト：ウィーンから南西へ320km。アルプスの東端にある人口6万の町。
　写真はヴェサー湖とコシュータ山（2095m）

54　オーストリアとイタリアの国境を Tarvisio タルビジオで超えて、27日夜遅くヴェニスに着いた。水の都ヴェニスは水の中に浮かんでいる。駅からホテルに行くには、モーターボートか人力車代わりのゴンドラに乗るしか方法はない。不便だが面白い。まだ、少しアルプス下ろしが冷たい。

　4月28日　ヴェニスにて　多聞

写真：ヴェニスとサン・マルコ寺院の鐘楼（イタリア）

◎ヴェニス：中世にヴェネチア共和国として栄えた。「アドリア海の真珠」の別名もある。

55　今日、午前中、鳩で有名なサンマルコ寺院や昔のヴェネチア時代の政庁の建物を見物。午後ゴンドラに乗った。ヴェニスは中々面白い。想像していたよりも美しく水も青くてきれいだ。その後、小型の気船で20分ほど沖合のリド島へ行き、島のホテルエクセルシオールのカフェでコーヒーを楽しんだ。ここは夏のリゾート地だ。明日はボローニアを経てフィレンツェに入る。

　4月28日　ヴェニスにて　多聞

写真：リド島のビーチとホテルエクセルシオール（ヴェニス）

56 　今朝ヴェニス発。今、Bologna ボローニアで昼食を取っている。ベニスからここまで約 200 キロ。豊かなロンバルジアの平野を走った。水田があって米が取れて田植えをしている様子は珍しかった。ボローニアは人口 25 万。イタリアの都市の中でも歴史を誇り、世界最古の大学もある。ケルト人は紀元前 600 年頃ここに町を築いた。写真は 1100 年頃に建てられた市庁舎。

　4 月 29 日　ボローニアにて　多聞

写真：ボローニア市庁舎ヴィットリアエマヌエレ広場（イタリア）

57　昨夜、美術の都 Firenze フィレンツェ着。アルノ川沿いの美しい都で人口は30万。ダンテ、ミケランジェロ、ボッティチェリ、チチアーノなどの有名な芸術家が住んでいたところだ。ウフィッツィの美術館は世界的に有名。イタリアを南下するにつれて陽光が明るくなり、今、藤の花が真っ盛り。

　写真は14世紀のフィレンツェ市庁舎。

　4月30日　フィレンツェにて　多聞

写真：ヴェッキオ宮殿とシニョリーア広場（フィレンツェ　イタリア）

◎ヴェッキオ宮殿：歴史は13世紀まで遡る。メディチ家もここに住んだことがある。

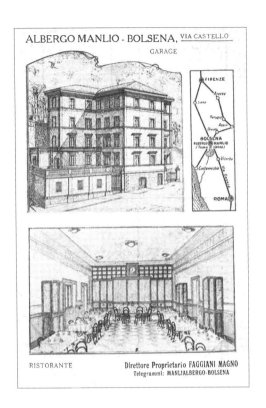

58 　今朝、フィレンツェ発、イタリアの中部山岳地帯を自動車で超えて、今ここ Bolsena ボルセーナで昼食を取っている。ボルセーナ湖に面した人口僅か 200 人の小村。田舎の風景が面白く中世そのままの感じがする。中山道の宿場町の様だ。

　今夜はローマに入る。

　5月1日　ボルセーナにて

写真：ボルセーナ（イタリア中部の小村）

59　昨夜フィレンツェから当地着。ローマは流石に都だ。落ち着きがあり西洋の源流という感がする。写真は、エマヌエル記念建造物。素晴らしく大きなものだ。正面に見えるのは無名戦士の記念碑。ここに4泊してピサへ行く。古代ローマの遺跡を存分に見て回るつもり。天気はローマに入ってから快晴。暑い程だ。

　5月2日　ローマにて　多聞

写真：ヴィットリオエマヌエル記念堂（ローマ）

◎エマヌエル：ヴィットリオ・エマヌエーレ2世。近代統一イタリアの父。記念堂は古代ローマの政治の中心、フォロ・ロマーノに近い。古代と近代のローマが併存する形を演出している。

60 イタリアに来ると空が明るい。毎日快晴。いま藤、つつじが満開だ。どこへ行ってもオノボリさんの数は大変なもので、欧州中から古代ローマに憧れてイタリアにやって来るわけだ。花の時期に全国から京都や奈良へ人が集まるようなもの。サンピエトロの大寺院や古代ローマの昔を忍ばせる遺跡が多い。

　元老院跡を訪れた時は、あのカエサルとブルータスの2千年前の事件を想像してしまった。

　5月3日　ローマにて　多聞

写真：イタリア　ヴェネト地方の衣装を着た果物売り
◎ヴェネト地方：北イタリアのヴェニスやベローナを含む地域。

61 陽チャン、康チャン。

オトナシク オルスバンヲシテイマスカ。

オトウサマハ イマ イタリー ノ ローマ ニ イマス。

5月3日 パパ

写真:仲良しの兄弟

62 　今日午前11時40分ローマ発。イタリアの西海岸に沿って北上、途中Piombinoピオンビノでナポレオンが流されたというElbaエルバ島を遠望したがよくは見えなかった。海岸に沿って景色が良い。午後5時半Pisaピサ着、Hotel Nettunoと云うアルノ河畔のホテルにいる。ピサの人口は6万。例の斜塔だけで有名になったような街だ。11世紀から12世紀初めに建てられたもので、全部大理石の中々立派な教会だ。塔はその付属物。最初は真っすぐに建てるつもりだったのが、基礎工事が悪くて傾いた。あさっての誕生日は忘れていない。おめでとう。

　5月5日夜　ピサにて　多聞

写真：ピサと斜塔（イタリー）

◎エルバ島：ナポレオン・ボナパルトは1814年にこの島に1年近く流されていた。当時この島はフランス領。
◎ピサの斜塔：ピサ大聖堂の鐘楼。世界遺産。高さ56m。14世紀半ばに完成。最上階は垂直線から約4mずれている。

63 6日午前10時40分ピサ発。今、Genovaジェノヴァに向かう汽車の中。イタリー松の美しい森の中を走っている。今日は特に暑い。荷物の外套が厄介だ。写真はナポリの南西3キロのCasamicciolaカーサミッチョラの風景だが、今いるこの付近もこれによく似ている。ナポリから葉書が書けなかったのでこれで穴埋めをしておこう。

　余白にイタリー松を書いてみた。明日の誕生日おめでとう。この日はミラノだ。

　5月6日朝　ジェノヴァに向かう車中にて
　　　　　　　　　　　　　　　　　　多聞

写真：カーサミッチョラ

64 昼12時20分 La Spezia ラ・スペチア駅に到着、停車中にこの絵葉書を買って車中で書いている。ここにはイタリア海軍の基地がある。軍艦も見えて、日本で言えば横須賀か呉に当たるだろう。

　汽車はジェノヴァに向かって走っている。断崖絶壁が地中海に迫って、海岸線を縫うように進む。紺碧の地中海が美しい。

　5月6日昼　ジェノヴァに向かう車中にて　多聞

写真：ラ・スペチア（イタリア）

65 6日午後2時半ジェノヴァ着。ここも暑い。ハエがウルサクいる。市街は神戸のように山の傾斜地にできた町で、中々美しい街並だ。ピサからここに来るまでの例の軍港ラ・スペチアからジェノヴァまでの間は大変な難工事で、100キロの半分がトンネルだった。トンネルの合間毎に美しい海岸があってRivieraリビエラと呼ばれる海岸美を誇る避寒地だ。

　5月6日　ジェノヴァにて　多聞

写真：ジェノヴァ（イタリア）

66　ジェノヴァには数時間滞在した。夕方6時ジェノヴァ発。今、ミラノに向かってロンバルジアの平原を走っている。この平原に出るまでも難工事で長さ9キロ（清水トンネルと同じ）のトンネルがある。

　写真はジェノヴァと切っても切れない縁のあるコロンブスの像。駅前の小さな広場に建っていた。

　5月6日　ミラノに向かう車中にて　多聞

写真：ジェノヴァ駅前コロンブス像（イタリア）
◎コロンブス：1451年頃〜1506年、ジェノヴァ出身と言われている。
◎清水トンネル：当時は9キロ。現、大清水トンネルは20キロ。

67 誕生日を祝う。おめでとう。午前中、例のミラノの大聖堂の一番上、この写真に見える台の部分のバルコニーまで昇って見た。ミラノの市街から遠くアルプスの眺めが絶景だった。塔の一番上まで 100 m は十分にある。途中までエレベーターがあり、その後は螺旋形の梯子を登る。建物は全部大理石で見事なものだ。

　5月7日　ミラノにて　多聞

写真：ミラノ大聖堂の尖塔（イタリア）

◎ミラノ大聖堂：建物は 14 世紀まで遡り、完成まで足かけ 500 年もの歳月を掛けた世界最大級のゴシック建築。130 もの尖塔があり、頂上には聖人が立っている。

68 トリノはミラノの西 100 キロ。ロンバルジア平原の一番奥にある。人口 60 万の大都会でアルプスはもう手に取るように近い。ポー川に沿った碁盤目の実に美しい町だ。イタリアの中でも恐らくここが一番落ち着いた感じの好い町だと思う。郊外には自動車会社フィアットの大工場があって、Fiat の T はトリノの T だ。

　5 月 7 日夜　トリノにて　多聞

写真：フィアットの工場とアルプス連山の白い峰々（トリノ）

69　午前8時半トリノ発。北イタリアの平原を東北東に進み、今車中から美しいComoコモの湖畔を右に眺めながら、あと20分でスイスに入る。イタリーともお別れだ、これからSan Gottardoサンゴタール峠にさしかかる。

　5月8日朝　スイスに向かう車中にて　ルガノで投函　多聞

写真：コモの町とコモ湖（イタリア）

◎サンゴタール峠：イタリア・スイスの国境にある標高2000 mの峠。古くからアルプス越えの重要なルート。2200年前、カルタゴの将軍ハンニバルも象軍団を従えてアルプスの峠を越えてローマに進軍した。

70　コモ湖から Chiasso キアッソでイタリア国境を越えて午前10時半、スイスの Lugano ルガノに着いた。ルガノ湖の風景は絶景だった。湖畔の藤の花が今や盛りと咲いている。ケーブルカーで500 m程登ってルガノ湖一帯の素晴らしい景色を眺めた。

　5月8日昼　ルガノにて　多聞

写真：ルガノ湖畔のホテル（スイス）

71　今、午後3時、これからサンゴタール峠を越える。アルプス雪峯が見事に見えている。ここから30キロ程西にはアイガー、メンヒ、ユングフラウが聳えているはずだ。

　5月8日午後　Airolo アイロロにて　多聞

写真：アイロロの村（1179m）とサンゴタール峠、アルプス（スイス）

72 アイロロからサンゴタールの峠を越えアンデルマット Andermatt を経て、この写真の Vierwaldstatter フィーヤワルドスタッター湖畔にたどり着いた。ドライブウエーからの景色が素晴らしい。今日こそ本当にスイスは欧州の公園だとつくづく感じた。やがて Zug ツーク湖畔を走ってチューリッヒに入ったのが夜8時半。今、泊っている Hotel Eden au Lac の部屋から湖水に映る灯の輝きが美しい。

　明日は、ドイツに帰る。

　5月8日夜　チューリッヒにて

写真：フィーヤワルドスタッター湖とアルプス（スイス）

73　小鳥が窓をつつく音に目が覚めた。昨夜、ホテルのボーイに起こしてもらうよう頼むのを忘れていたので丁度良かった。これから、すぐに朝食をして出発。ボーデン湖を経てベルリンに戻る。

　　5月9日早朝　チューリッヒにて

写真：チューリッヒと Hotel Eden au Lac（手前）（スイス）

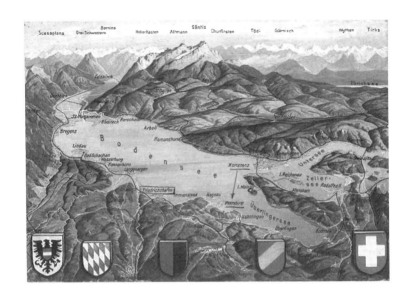

74 　今朝9時チューリッヒ発。昼12時ドイツ国境の町Konstanzコンスタンツ着。Bodenボーデン湖を船で渡って、対岸のMeersburgメールスブルグで昼食中。湖畔のウィルダーマンは新緑と湖水が売りの感じのよいレストランだ。これから湖畔のFriedrichshafenフリードリッヒスハーフェン迄行って飛行船を見に行く。

　5月9日昼　ボーデン湖畔のレストランにて　多聞

写真：　ボーデン湖（スイスとドイツの国境）

75 昨日、飛行船を見てきた。2つの巨大なハウスにツェッペリン型とヒンデンブルグ型の飛行船2隻が格納されていた。フランクフルトから南米のリオと北米のニューヨークの間で2週1便の定期航路を運航している。所要日数はリオまで4日、ニューヨークまで3日だそうだ。

　5月10日　ネルドリンゲン（南ドイツ）にて　多聞

写真：飛行船

◎ヒンデンブルグ号の爆発：飛行船を見た日の2日半前、アメリカ時間5月6日夕刻、ドイツ時間7日未明、ヒンデンブルク号はニューヨーク近郊で爆発炎上している。何故かこのことには触れていない。

ヒットラーの情報統制下で新聞やラジオの報道が厳しく規制され、ここを訪れた5月9日午後の時点では一般にはまだ知らされていなかったものと思われる。

◎20世紀の科学技術が関わる衝撃的な事故として、1912年のタイタニック号の沈没、1937年のヒンデンブルグ号の爆発、1986年のスペースシャトル・チャレンジャーの爆発がある。

76　昨日1泊したNordlingenネルトリンゲンはミュンヘンの北西100キロ地点にある。人口は9千で南ドイツ平原の真ん中にあり、円形の城壁と中世そのままの街並を残している。1千万年とも言われる太古の昔、隕石が落下して出来たクレーターだそうだ。今から北上してNurnbergニュールンベルクに向かう。

　5月10日　ネルドリンゲン（南ドイツ）にて

写真：ネルドリンゲンの町と円形の城壁

77　今朝ネルトリンゲン発。中部ドイツを北上して正午ニュールンベルグ着。ここは人口40万、ミュンヘンに次いでバイエルン第2の都会だ。最近ナチスの党大会が開催されて有名になっているが、古代、中世からの町で、ワーグナーの「ニュールンベルグの名歌手」はここを題材にしてい

る。更に北へ進んでBayreuthバイロイトにワーグナーの家を訪ね、夕方、ここBad Berneckバートベルネックに着いた。バイロイトから北へ20キロばかりの所にある田園の保養地で、山ふところの谷川に沿うた美しい村だ。

　5月10日夜　ベルネックにて（中部ドイツ）

写真：ベルネックから挨拶

◎ニュールンベルク：ヒットラーがナチの党大会をここで開いた。戦後は連合国側がドイツの戦争犯罪人を裁く「ニュールンベルク裁判」が行われた。日本でも「東京裁判」が行われた。

78 　一昨日夜、40日振りにベルリンに戻った。朝9時ベルネックを出発。ドイツ自慢のアウトバーンを時速100キロで突っ走り、正午前にライプチヒに到着。前回ライプチヒでは時間が無かったが今回は4時間程見物した。その後、汽車でベルリンに帰った。暫く見ない内にスッカリ夏らしくなっている。これから郊外の湖、ワンゼー辺りが行楽シーズンを迎えるだろう。予定していた英国へは混雑でもあり当分行くまい。5月末から6月20日頃までは国際会議のためパリに滞在する。そちらからの手紙や届け物はハンブルグで受け取ることにしたい。

　5月13日　ベルリンにて　多聞

写真：ベルリン西のワンゼー湖

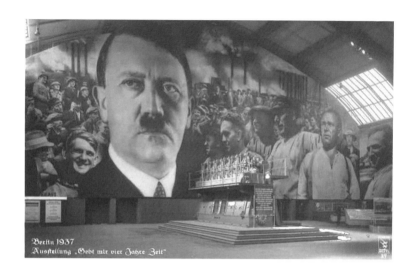

79　今日は土曜日。初夏のような日だ。昼からヒットラーのドイツ政策展示会を見に行った。過去4か年の実績と次の4か年の計画を誇示する展覧会だった。鉄道関係の国際会議に出席するので、今月末からパリに行く。パリには来月の6月20日頃迄いるが滞在先は次の通り。

　Hotel du Louvre

　Palace du Theatre － Francais Paris

　5月15日　ベルリンにて　多聞

写真：ヒットラー展

◎パリ滞在目的：鉄道省の辞令により鉄道関係の国際会議に出席。

80　今日は、鉄道省ベルリン事務所の三宮さんが帰国するので、皆で送別会をした。交流のある数人と人気のレストラン、ダスタンツで飲んで食事をした。
　　5月19日　ベルリン　にて　多聞

写真：レストラン　Das Tanz

81 昨朝9時15分ベルリン発。夜9時パリ着。直通の急行列車に乗って13時間で着いた。今日は会議の初日。この会議が12日迄あって、それからまた別の会議が月末迄ある。パリも暑い。5月だと云うのに寝苦しい程暑い。そして今日はまた雨、雨の日は涼しいが天候は不順だ。但し、すこぶる元気だから安心て貰いたい。今シャンゼリゼーのカフェで昼食を取っている。

　5月31日　パリにて　多聞

写真：チュイルリーとルーブル

82　今、ルーブル博物館のすぐ近くのこのホテルに泊まっている。繁華街にあって非常に便利だが騒がしい。昨日は大統領、関係大臣が出席して開会式が行われた。今日は会議の2日目。午後4時から市庁舎で市長の招待があり音楽とお茶の接待があった。今夜はグランドオペラ劇場に招待がある。出し物はベルリオーズの La Damnation de Faust ファウストの功罪。当分は結構なお客様でいられる。

　6月2日　パリにて　多聞

写真：ホテル・ルーブル

◎ファウストの功罪：ベルリオーズの代表作。ドイツの文豪　ゲーテの『ファウスト』に基づいている。

83 　グランドオペラ劇場は昨年焼けて、12月に来たときは未だ改修が済んでいなかった。今回は見事に修復され、以前にも増して古色蒼然たる芸術の大殿堂の感がする。おそらく世界一豪華なオペラ劇場であろう。一昨夜の出し物は「ファウストの劫罰」で夢幻的な音楽と場面とで美しい極みだった。もう一つ、ショパンのバレーも、かねて音楽は聴いていたがバレーを観るのは初めてで実に美しかった。
　6月4日　パリにて　多聞

写真：パリのオペラ劇場

84 今日は土曜日なので会議は休み。P.O.Midi 鉄道会社の招待で、Loir ロアール河畔の古城へ旅した。パリから南西 250 キロ、Bordeaux ボルドーとの中間にある。この辺りは中世からの古城が数多く、ロワール渓谷と称してフランスの名所になっている。混雑したパリを一時逃れて緑の田舎を走ると実に爽快だ。フランスの田園風景も中々いい。多くの城の内でもこの Chenonceaux シュノンソーと云うのは絵のように美しかった。

「靖国丸」に託してくれた菓子類は 5 月 27 日、ハンブルク港で受け取った。有難う。鉄道省の石幡氏にも港で会えてベルリンまで同行し街を案内した。氏は下宿にも一晩泊まった。

　6 月 5 日　パリにて　多聞

写真：シュノンソー城（中部フランス）

◎シュノンソー城：ロワール渓谷にある古城。歴史は古く 11 世紀まで溯る。

85 　一昨日の日曜日はパリの北 30 キロにある Chantilly シャンティリーに競馬を見に行った。パリの競馬は婦人が自慢の服装を見せに行く所となっている。昔から世界の流行は Longchamp ロンシャン競馬場で始まると言われているようだが、評判程ものとは思えなかった。やはり世界大戦後の傾向として伝統的ものが無くなって行くのだろう。この写真はオペラ街、正面のオペラ座と対照の位置に滞在中のホテルルーブルがある。

　5 月 16 日付の丸ビルの葉書がベルリンから転送されて昨日受け取った。

　6 月 8 日　パリにて　多聞

写真：パリ中心部

◎ロンシャン競馬場：パリの西、セーヌ河畔でブローニュの森の中にある。その美しさで世界的に有名。
◎世界大戦：第一次世界大戦（1914 年〜 1918 年）のこと。

　86　6月9日、今日はフランス国鉄の招待でLe Havreアーブル港でノルマンディー号を見てきた。午前8時、パリ・サンラザール駅を"特別列車"で出発。10時半アーブル着。船と列車の連絡が実に上手く出来ていて、ホームから50mも歩くと6万トンのノルマンディー号に乗れるようになっている。キャビンは大して感心しなかったが、食堂、コンサートルーム、プール、サンルームなどは豪華なものだった。特にプロムナードデッキの長大なこと。100mのトラックが十分に取れる。2時間ばかり案内してもらって、午後4時にパリに帰って来た。

　6月8日　パリにて　多聞

写真：ノルマンディー号（6万トン）

◎ノルマンディー号：フランスの豪華新造客船。巡航速度31ノット、当時世界最速を誇った。

87 写真はコンコルド広場。ここから左へ１キロばかりがシャンゼリゼーの大通でその先に凱旋門がある。また、右へチュイルリーの公園があって、さらにその先にルーブル博物館がある。今、会議が行われている化学協会の建物はこの橋の近くにある。正面はパンテオン、右の小高い丘がモンマルトル。イスラム寺院が白く見えている。河はセーヌ。一昨日７日の夜、パリスポーツセンターでフランスを代表する６大鉄道会社が主催する大晩餐会があった。今日９日は、エリゼー大統領官邸で園遊会が催された。新緑の官邸の庭はパリの街中とは思えないほど静かで美しかった。

　６月９日　パリにて　多聞

写真：セーヌからパンテオンを望む

Malborough s'en va-t-en guerre,
Mironton ton ton, mirontaine...

88 　陽チャン、康チャン元気デスカ。

　　コレカラ　アツクナルカラ　オイシイモノヲタベスギテ
　　オナカヲワルクシテハ　イケマセンヨ。

　　ソシテ、オカアサマノオッシャルコトヲ　ヨクキカナク
　テハイケマセンヨ。

　　オトウサマハ　イマ　パリニイマス。

　　6ガツ9ノカ　パパ

写真：ミロントン・トン・トンの子供劇「マルボローは兵隊に行く」

89　パリの万国博覧会は今年の呼び物だ。先月末にふたを開けたとは言うものの不思議なことにまだ2割しか出来ていない。完成したら相当立派なものだろうが暫くかかるだろう。会期は来年まである。

　この博覧会はセーヌ河の両岸を利用しているので、船に乗って見物するとまた趣が変わって面白い。写真はスイス館。

　6月11日　パリにて　多聞

写真：パリ万博スイス館

◎日本の万博初参加は幕末の慶応3年（1867年）のパリ万博。

90 会議主催の小旅行でNormandieノルマンディーとBretagneブルターニュに出かけることにした。今日午後2時、パリのサンラザール駅発。フランス国鉄の特別列車で西北フランスの美しい野を走り、4時50分に当地Caenカーン着。人口7万。11世紀頃の寺院が多い。古い寺院で持っているような町だ。イングランド王 William the Conqueror ウィリアム征服王は当時ここに住んでいた。この地方は冬が寒いので葡萄酒は出来ないが、小麦、バター、卵、林檎の名産地になっている。

6月12日夜　カーンのホテルアングレテールにて　多聞

写真：カーンの寺院（北西フランス）

◎カーン：フランスの代表的城下町。大戦中、連合軍のノルマンディー上陸作戦で激戦地となり、街は破壊されたが写真の聖堂は残った。この聖堂は11世紀にイングランド王ウィリアム1世が建立した。

91 　今朝8時40分、カーンを出てCotentinコタンタン半島を横切りPontorsonポントルソンに11時着。ここから自動車で写真のモンサンミッシェルを訪ねた。

　江の島だね、ちょうど。俗悪極まる所もそっくりだ。売店やカフェで売り子が黄色い声を張り上げて、「お土産どうです。休んでいらっしゃーいっ！」などとやっている。ただ、江の島と違って素晴らしく立派な寺院が建っている。

　モンサンミッシェルで食事をして、午後4時、自動車で海岸沿いSt. Maloサンマロに出て、船で対岸のDinardディナードに着いたのが夕刻7時だった。

　6月13日夜　Dinard海岸Sallicホテルにて　多聞

写真：モンサンミッシェル（北西フランス）

◎モンサンミッシェル：サンマロ湾にあるカトリック修道院。外見はゴシック様式だが内部は他の中世建築様式が混在している。世界遺産。

92 ノルマンディーとブルターニュ旅行の3日目は、岩がゴロゴロしたこの海岸近くのTrebeurdenトレブルダンと云う小村に泊まった。まだ時期が早いのでホテルも我々一行のために開いてくれたようだ。この辺の海岸は干満の差が9m〜13mもあるそうだ。干潮の時は美しいとは言えないが設備は良く出来ている。これからブルターニュ半島の先のBrestブレストまで行って今夜パリに戻る。

6月15日朝とトレブルダン　にて　多聞

写真：トレブルダンの海岸（ブルターニュ半島　北西フランス）

93　トレブルダンの海岸からバスで3時間、ブルターニュの片田舎を Brest ブレストまで来た。ここは半島の突端、フランスで最も西の地になる。ここは昔、英国の一部だったのでケルト人の末裔も住んでいる。道中は誠にのどかな田舎だった。今でも昔の風俗のままで木靴を履き頭に古風な頭巾をかぶっているところなどが面白かった。

　今夜パリに戻る。

　6月15日午後　ブレストにて　多聞

写真：ブレストの港（ブルターニュ半島　北西フランス）

94 一昨夜、ノルマンディーとブルターニュの旅から帰って来た。直ぐ、ホテルマスネーに落ち着いた。今日からU.I.C.（Union Internationale des Chemins de fer）国際鉄道聯合の会議が開かれる。この絵はブルターニュ地方の風俗。この炉辺が名物であるらしい。ミサに出かけるので支度をしている様子のようだ。

　6月17日　パリにて　多聞

写真：ブルターニュの家庭の様子

◎ブルターニュ：5世紀以降にブリテン島（イギリス）に住むケルト系のブリトン人が移住した。ブルターニュの地名の由来はブリトン人に始まる。

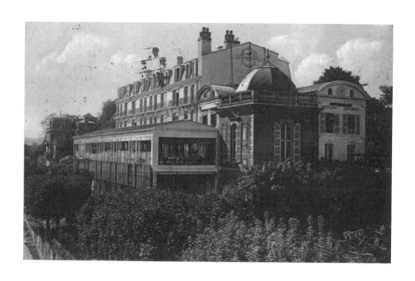

95 今日の会議は4時半で終了。参加者そろってパリ郊外のサンジェルマンの森へ自動車で出かけて、ヘンリー4世邸と言われる館を訪れた。折から郊外の新緑が美しかった。夜8時ホテルマスネーに戻ると、窓の下で女の流しがヴァイオリンを弾いている。ショパンのノクターンをやっているが郷愁を感じさせる。

　6月18日　パリにて　多聞

写真：サン・ジェルマン・アン・レー城

◎サンジェルマン・アン・レー城：14世紀イングランド王ヘンリー4世の館と言われ、また、フランス王ルイ14世はこの城で生まれた。

96 　今日は日曜日。パリ郊外 70 キロにあるリスのゴルフ場へ出かけた。コースはやはり日本の方が遙かにいいが、白樺の林の中でプレイできるところは変わった趣がある。クラブハウスは如何にもフランスらしい温か味のある建物だ。昼食にワインが飲めるのも有難い。

　6 月 20 日　パリにて　多聞

写真：リス・ゴルフ場（パリ郊外）

97　一昨日、午後6時半、会議の小旅行で初めて英仏海峡を渡って英国と云う国に来た。ロンドンは落ち着いたいい町だ。パリの騒々しさや不潔さに比べて遙かに居心地が良さそうだ。後日、アメリカに渡る前にはゆっくり時間をかけてイングランドとスコットランドを旅するつもりでいる。

　明朝10時に出発してパリに戻る。

　6月26日　ロンドンにて　多聞

写真：タワーブリッジ（ロンドン）

◎タワーブリッジ：テムズ川に架かるこの橋はロンドン観光の目玉の一つで1894年完成した。第2次大戦中はドイツ空軍の攻撃目標にもなった。少し上流には、童謡「ロンドン橋落ちた」で有名なロンドンブリッジがある。

98　今日、パリに戻って来た。今朝 10 時 05 分ロンドン・ヴィクトリア駅 11 時半発、Newhaven ニューヘイブン港着。連絡船の出港は 12 時。フランス側の Dieppe ディーペ港に午後 3 時着。同駅発 3 時半、パリ・サンラザール駅着には夕方 5 時 50 分に着いた。連絡船はヴェルサイユ号という 2 千トンの船で、フランス国鉄が経営している。海上は珍しく強い風が吹き、乗り合わせた英国人はこんなことは滅多にないと言っていた。パリのマスネーホテルに着いたら、6 月 1 日と 6 日付の鎌倉からの寄せ書きがベルリンから転送されていた。旅行中でも間違いなく手元に届くから有難い。しかも早く。この写真はロンドンで泊まったバーナーズホテル。二流の下だった。

　6 月 27 日　パリにて　多聞

写真：ホテル・バーナーズ（ロンドン）

99 今日は初夏らしく暑い、午後から今年の展覧会「サロン」を見に行った。博覧会の会場の中にあって、別に5フランの入場料を取る。近頃のフランスの絵は一時のような印象派といった怪奇なものは一つもなく、大人しいものばかりのようだ。この絵はフランスの田舎、とくに北フランスの気分をよく出しているように思う。

　6月28日　パリにて　多聞

写真：1937年「サロン」に出展の絵
　　　（ALBERT MOULLE 作：「南オルバン　モーレの橋」）

◎サロン：フランス芸術家協会による権威のある展覧会。

100 去る 30 日、一か月続いた国際会議は全て終了した。

　2 週間ばかり南フランスとスイスを旅して、その後パリ祭を見るために再びパリに戻る予定だ。

　ここはフランスの大西洋岸、あと 10 キロも行くとスペインとの国境で、Biarritz ビアリッツという海浜リゾートだ。パリからここまで約 800 キロ。今朝、8 時 50 分、パリ・オルセー駅発の汽車に乗って、夜 8 時半に着いた。海岸の美しいこと、設備が素晴らしいこと、ホテルが立派なことなどは先日旅したノルマンディーやブルターニュの比ではない。明日はピレネーの山々を見るために Luchon ルションへ行く。

　7 月 3 日　ホテルミラマールにて　多聞

写真：ビアリッツ海浜リゾート（南西フランス）

101　ビアリッツからピレネーにやって来た。朝10時に出発して、着いたのが午後6時。途中、ルションからここ迄登山鉄道で45分。標高1800ｍ、ピレネーの山々が手に取るように眺められて絶景だ。写真に見えるのはスペインの山々だが遥か下界にスペインの村が見える。ここはフランスとスペイン国境線の中程になり中央ピレネーと言われ、ホテルは豪華で素晴らしく、登山鉄道がホテルに直接入り込んできている。未だ時期が早いので客は殆どなく閑散だが冬のスキー地としても有名なところだ。

　7月4日　ピレネーのスーパーバニエルにて　多聞

写真：ホテルバニエルとピレネーの山々（南フランス）

102　途中で通ったルションは温泉があるので保養所としても有名。ピレネーの山々にも近くて登山鉄道を利用すればスーパーバニエルに登るのに便利な町になっている。

　7月5日朝
　　スーパーバニエルにて　多聞

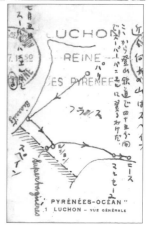

写真：ピレネーを背にしたルションの町（南フランス）

103　昨日、5日、午後4時ピレネーの山を電車で下ってルションで乗り換えた。接続時間が1時間あって、駅前のカフェで休んだ。コニャック付きのコーヒーが1フラン半はとても安かった。午後6時の汽車でルションを出発。少し内陸の Toulouse トールーズ到着が夜8時半。9時半発のニース方面行きの夜行に乗るまでの間に駅のブッフェで取った食事も中々美味だった。今朝、目が覚めたら、とっくにマルセーユを過ぎて、いわゆるコートダジュールの海岸を快走していた。地中海のリゾート地としてフランスで最も贅沢な別荘地帯だ。カンヌを過ぎてニースに着いたのが朝8時半。有名な遊歩道に面した Ruhl ルールという超一流のホテルに入った。この写真で▲印を付けておいた。右の丸い屋根の建物は有名なカジノだ。

　7月6日　ニースにて　多聞

写真：ニースの有名な遊歩道（南フランス）

◎有名な遊歩道：La Premenade des Anglais プロムナード・デ・アングレ

104　今夕、プラリとニースから20キロ離れたモンテカルロにやって来た。カジノ客専用にディーゼルならぬガソリン列車が走っていて20分で着いたからとても速い。モナコ王国の入り口にモナコという駅と、そこから1キロも離れていない所のカジノの正面に駅が出来ていて、これをモンテカルロ駅と名づけている。ここへ来てはじめてモナコとモンテカルロの区別がついた。カジノに入って人並みに賭けたが、見事50フランしてやられた。モナコの切手を貼っておいたから、よくご覧あれ！

　7月6日　モンテカルロで投函　多聞

写真：モンテカルロ

105 7日、午前8時ニースを出発。自動車でフランスとイタリアの国境沿いを北へ進み、午後6時半 Briancon ブリアンソンに着いた。ここは丁度、ニースとシャモニーの中間で3〜4000m級のアルプス連山に囲まれた盆地で、山岳景勝地になっている。ここまでの道中もまた渓谷に富んで絶景だった。

　昔この辺りがイタリア領であった頃の要塞跡があったが、今でもフランスの国境守備兵が駐屯している。明日はここから、シャモニーに向かう。

　7月7日　ブリアンソンにて　多聞

写真：ブリアンソン（フランス）
◎7月7日：この日、北京郊外で「盧溝橋事件」が起こり、日中戦争が始まった。4年後の昭和16年（1941年）12月には太平洋戦争へと突入し終戦まで戦争が続いた。

106 　今朝、ブリアンソンを出て北北西に50キロ。今、Saint Jean de Mauriennes サンジャンドモリアンヌの村に着いて、オテル・ド・ヨロープと云う名前だけが大きなホテルで昼食を取っている。ここに来るまでに標高2400ｍの峠を越えるが、峠前の Meije メイジェだの Rochilles ロシャレスだの3800ｍ級のアルプス連山の姿に感動した。実にいいルートだ。2時半にここを出発して、Alc アルク川に沿って Albertville アルベールビルを経て夕方7時前に Chamonix シャモニーに入る。

　7月8日午後2時　サンジャンドモリアンヌにて　多聞

写真：サンジャンドモリアンヌ（フランス）
◎アルベールビル：1992年、冬期オリンピックが開かれた。

107 　昨日、モリアンヌを2時半に出た。シャモニーに着いたのが午後6時半。シャモニックスと土地の人は言うようだ・・・サヴォイパレスホテルに泊まっている。豪奢なホテルだが山のシーズンには少し早く客は7人しかいない。シャモニーの村に入って来ると山や渓流が多くなり山懐に渓流が入り込んで来る感じは塩原や箱根に似ている。昨夕、ホテルのバルコニーに出て見ると、雲の中からこのエギウの鋭鋒がニョキニョキと出て来たので驚いた。標高4800mのモンブランはこの右の方に続いている。

　7月9日　シャモニーにて　多聞

写真：シャモニーから見たエギユの鋭鋒（フランス）

108 今朝は良い天気で渓流の音を聞きながら朝寝を楽しんだ。午前11時半発の空中ケーブルに乗って、モンブランが見える Brevent ブレバンの丘に登った。丘と言っても 2500 m の岩山だ。シャモニーが 1000 m だから一挙に 1500 m 登ったことになる。うまい具合に雲と霧が晴れてモンブランの雄大な姿を飽きずに眺めていた。モンブランは写真中央の丸い頭の山。欧州最高峰だが頂上はスイス領ではなく、フランスとイタリアの境にある。シャモニーはフランスだ。

　7月9日　シャモニーにて　多聞

写真：ブレバンの丘から見るモンブラン（フランス）

109　昨日、シャモニーを午前10時53分の汽車に乗った。レマン湖の南を迂回して夕方7時過ぎジュネーブに入った。途中、St. Gervais セントジェルヴェで広軌の汽車に、La Roche ラロッシェでは狭軌の汽車に乗り換えて、Annemasse アンマスを経てレマン南湖畔の Evian エビアンまでたどり着いた。

　ここは湖畔の有名な避暑地であり、またミネラルウォーターで有名なところ。エビアンから遊覧船に乗って3時間でジュネーブに着いた。美しいレマンの水面と夕日に照らされた湖畔の別荘地の風景が素晴らしかった。

　ジュネーブはいい所だ。今まで旅した町の中でも最も美しく感じの良い町。写真に見える遠くの山がモンブラン。

　7月11日　ジュネーブにて　多聞

写真：ジュネーブとレマン湖と湖上船（スイス）

110 　昨日、午後2時35分ジュネーブ発の汽車に乗り、夜11時15分にパリに着いた。今度はレジナというホテルに泊まっている。先月泊まったマスネーの近くだ。午後から藤島さんの奥さんとロダンの美術館へ行った。帰りにオペラ座の前からマドレイヌ寺院前の通りをブラブラしながら名画の複写を見たりした。明後日の7月14日は革命記念日で大変に賑わうらしい。それを見てから15日にベルリンに帰る。写真は国際連盟の建物でまだ全部は完成していない。

　　7月12日　パリにて　多聞

写真：パレデナシオン（ジュネーブ）

◎パレデナシオン：戦前の国際連盟の建物。戦後は国際連合に姿を変えて本部はニューヨークにある。

111　今日は Le Quatorze Juillet フランス革命記念日。日本で言えば建国記念日で紀元節に当たるものだろう。午前中はエトワール凱旋門からコンコルド広場まで、フランス軍の行進があり、午後からは街の至る所に市民が繰り出して歌ったり踊ったりして大騒ぎだ。

　7月14日　パリにて　多聞

写真：コンコルド広場

◎紀元節：初代天皇とされる神武天皇を祝う祝日。明治以来2月11日を紀元節としていたが戦後廃止された。

112　今、パリからベルリンに帰る列車の中。今朝、10 時 10 分パリ・東駅発。ベルギーのリエージュを午後 2 時通過。今夜、11 時半ベルリンに着く。

　7 月 16 日　リエージュ車中

写真：リエージュの裁判所

113　昨日、午後4時40分ベルリン発。

　Der Fliegende Munchener ミュンヘン特急と言うディーゼルカーに乗って夜11時半ミュンヘンに着いた。ライプチヒを過ぎる辺りまでは平野がつづき、Bayern バイエルンに近づく頃には森の多い一帯になっていた。街の中をイザール川の清い水が流れている。ここからアルプスが見えると雨が降ると言われているが、ミュンヘン博物館の塔から眺めた限りアルプスは見えなかった。

　この博物館には父上が寄贈した「琵琶湖疏水の鳥瞰図」が出展されている。今、館長のベスラー氏に会って父上からの伝言を伝えた。

　7月24日　ビールの本場ミュンヘンにて　多聞

写真：ミュンヘンの街並

◎父上：田邉朔郎（たなべさくろう）。明治期に京都の琵琶湖疏水を完成させた土木工学者。

琵琶湖疏水と田邉朔郎 (1)

　明治維新、東京遷都後の京都は往時の都の姿を失っていた。天皇が京都を去り、皇族、公家、御所出入りの商工業者や文化人の多くは東京へ移って行った。産業は衰退し人口も半減、京都の人々は「都人としての誇り」をすっかり失って生きる自信を失くしているようだった。

　当時の「京都人」はこんなことを言っている。

　『天皇様は、別れもお告げにならんと東京へ行かはった。きっと、またお戻り下さいますやろう。そやさかいに、京都にお越しの時は「お帰りなさいませ」と申し上げますのや。』と。

　そんな折、明治14年（1881年）、北垣国道が第三代の京都府知事として着任する。幕末の志士だった北垣は維新前にしばしば京都を訪れていたが、目にしたのは、すっかり変わり果てた京都の姿だった。

　北垣は「何としても京都を復活させたい。」と強く決意し、産業振興のため水運、動力、飲料、灌漑を目的にした「琵琶湖疏水」の建設（明治18年着工、23年竣工）を計画する。

北垣国道

　当時の金額で125万円、今の金額に換算すると1兆円とも言われる巨大土木事業だった。当時、大規模土木工事を担

える技術者と云えば「お雇い外国人」しかいなかった。しかし、北垣は日本人技術者にこだわった。それは、京都の人々に誇りと自信を取り戻させるためでもあった。

北垣はその技術者として田邉朔郎を登用する。田邉は幕臣の子で、工部大学(後の東京帝国大学工学部)在学中に卒業論文として「琵琶湖疏水計画」を書いていた。北垣は田邉を大学卒業と同時に京都府に採用し、この世紀の大事業を若干21歳の若者に託した。幼稚な機材しかなかった当時、多くは人力に頼らなければならず、昼は工事現場で指揮をとり、夜は作業員を集めて講習する云う日々を繰り返した。最先端の土木工学を学んだ田邉はトンネル6本を含む空前の大工事を4年8か月で完成させた。この時、満28歳だった。

田邉朔郎

特筆すべきは、工事の途中で計画を大幅に変更して京都に水力発電所を建設したことにある。

工場に電力を供給する水力発電所としては日本で最初のものであり、世界でもスイスの事例を含めて僅か1、2の例しか無い程に画期的なものだった。

大津から京都の洛北、伏見まで全長約30キロの運河と六つのトンネル、日本初の営業用水力発電所が完成し、この電力を利用して町に工場が出来、人口も増え、日本初の電気鉄道が走り、街や家庭に電灯が灯った。

インクライン

水路閣

　以来、130年の間に京都には多くの産業やハイテク企業が誕生して、平安時代からの伝統文化と近代科学を融合させた全国的にも類を見ない都市へと生まれ変わった。

　近代京都は「琵琶湖疏水」抜きには語れない。

　工事完成の年、明治23年（1890年）田邉は榎本武揚夫妻の媒酌で北垣国道の娘、静子と結婚した。

　その年、京都を去った田邉は新設の東京帝国大学工学部教授となり、数年後には請われて北海道庁鉄道施設部長に転出。北海道の幹線鉄道の建設をすすめた。明治33年（1900年）には再び京都に戻って、これも新設の京都帝国大学工学部教授に就任した。以来、関門トンネルを始め日本の主だった土木建設プロジェクトを立案し、指導した。

　大英帝国土木学会は、明治27年（1894年）に、土木分野における最高の栄誉とされるテルフォードメダルを贈り田邉の功績を称えた。今日まで、このメダルを与えられた日本人は他に

テルフォードメダル

はいない。

　正に、明治から昭和にかけての日本土木界のレジェンドだった。

　大正13年に勲一等瑞宝章が授けられ、昭和4年には第17代日本土木学会会長に就任し、昭和19年9月に京都で没した。

　京都市は墓所を贈り墓石に「希英本市留」と刻んで、魂が永く京都に留まることを願った。

エピソード紹介

　明治35年（1902年）10月、ロシア参謀部員アダバシ氏が琵琶湖疏水を視察した。その印象を、大森京都府知事、木下京都大学総長に会って次のように語ったと云う。

「昨今、ロシアで日本は組みし易いとの論調があるが、それは間違いのようだ。1890年当時これだけの土木工事を日本人だけの手で成し遂げ、更に、世界で殆ど例のない水力発電を導入している。日本には創造の力がある。このことを、外国人にも知らせて欲しいものだ。」

　当時、日本とロシアは東北アジアの権益をめぐって緊張関係にあったが、明治37年（1904年）に起きた日露戦争での日本の勝利は、これを裏付ける結果となった。

　京都市は明治38年（1905年）に次の英文刻印を第一トンネル東口に掲げた。

SAKURO TANABE DR. ENG. ENGINEER-CHIEF
WORK COMMENCED AUGUST 1885 COMPLETED
APRIL 1890
工学博士田辺朔郎　1885年8月着工　1890年4月竣工

恩人、田邉太一紹介

　田辺朔郎は生後まもなく父を亡くした。
　経済的にも精神的にも支えとなったのが、幕府および明治政府の外交官として活躍した田邉太一だった。
　明治6年（1873年）9月13日、岩倉具視等のいわゆる「岩倉使節団」が帰国した。朔郎は一等書記官として使節団に随行していた太一を横浜港に出迎えた。太一の案内で帰国船「ゴールデンエイジ号」（4千トン）の操舵室や巨大な蒸気エンジンを見学して、工学に興味を持つようになった。
　叔父のお蔭で、後に「工部大学」に進学して土木工学を修めることが出来た。

114 その後、ミュンヘンから Heidelberg ハイデルベルクに出て、小説アルト・ハイデルベルクゆかりの場所を訪ねた。三高のドイツ語授業で読んだ楽しい思い出がある。

　今朝、汽車でハイデルベルクを10時半に出て Mainz マインツに着いたのが12時半、ここから1時の船でライン川を下り夜10時に Kolon ケルンに着いた。3、4百人乗れるような大きな船で、ライン両岸の丘陵には古城やブドウ畑、ドイツの家々が点在して外国人の旅情を楽しませてくれる。暮色深まって美しいケルンの街の灯が見え出した。

　7月30日　ライン下りの船上にて　多聞

写真：ライン川と古城

◎小説アルト・ハイデルベルク：昔、ドイツのとある王国の王子がハイデルベルクの大学で学ぶ。王子と行きつけの居酒屋の娘との恋物語で日本でも人気の小説だった。

◎三高：京都の第三高等学校のことで戦後は京都大学の一部に組み入れられた。東京の第一高等学校と並ぶ旧制高校の双璧。

115 ケルンはドイツ読みだが、フランス読みではCologneコロン、つまり、オーデコロンはここが元祖だ。ゴシック建築の素晴らしく大きなドームと教会が有名でケルンの象徴になっている。街の中心にあって駅の真横にある。高さが約150mというから、エッフェル塔の半分はあるだろう。

　7月31日　ケルンにて　多聞

写真：ライン川とケルン大聖堂

◎ケルン大聖堂：ゴシック建築では世界最大級。歴史は古く4世紀まで遡り、現在の建物は19世紀末完成。第二次大戦では大きな被害を受けたが修復され、今では世界遺産に登録されている。

116 　午前中をケルンの見物に当てた。昼12時5分発のラインゴールドと云うドイツ御自慢の贅沢な列車でケルンを出発して再びマインツに戻った。汽車を乗り換えて、Wiesbadenヴィースバーデンに着いたのが午後3時だった。

　ここは温泉地で、日本の温泉のように熱い湯がブクブクと湧き出ている。唯、西洋式のバスタブにつかるので日本の出湯の気分にはなれない。写真のような立派なクアハウスがあって、50ペニッヒの入場料を払って中に入るとカフェと庭があり、音楽が流れて入浴客に寛ぎを与えている。

　7月31日　ヴィースバーデンにて　多聞

写真：クアハウス

◎ヴィースバーデン：古代ローマの時代からの温泉地。

117 　今日から10日間、スカンジナビアとバルト三国の旅に出かける。今朝7時半ベルリン発。コペンハーゲンに午後4時過ぎに着いた。約2時間で見物をすませ、今夜オスロに向かう。コペンハーゲンは水の都で海の景色がいい。海辺で例の岩の上に座っているアンデルセンの人魚姫の像も見た。1メートル程度の以外にも小さなもので驚いた。また、古くて面白い建物も多く、2時間の見物では一寸惜しい感じの町だ。

　　8月5日夜　コペンハーゲンにて　多聞

写真：コペンハーゲン市内の運河（デンマーク）

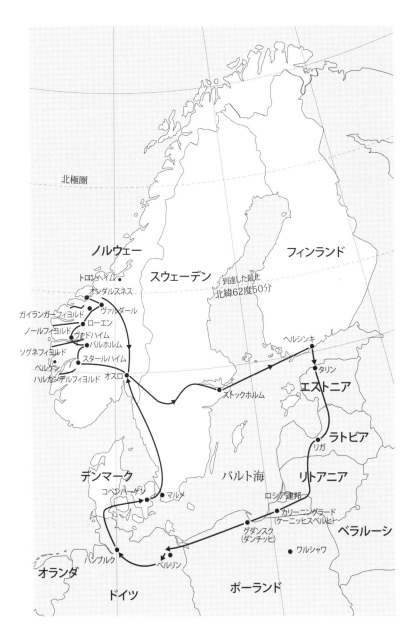

スカンジナビアとバルト三国 ◆ 135

118　昨夜8時発の連絡船でコペンハーゲンを出て、対岸にあるスエーデンの港、Malmoマルメに渡った。夜10時30分発のオスロ行きの夜行に乗ってスエーデンの南部を北上、目が覚めたらノルウェーの森の中を心地よく走っていた。オスロ中央駅に朝9時着。ホテルブリストルで11時まで寝た。ここは落ち着いた居心地のいい街だ。

　駅から王宮までの1キロ程が写真のカールヨハンス通り。洒落た店なども並び市民の憩いの通りにもなっている。

　明日から1週間フィヨルド見物に出かけて、またオスロに戻って来る。今日はこれから市内を歩いて見ようと思う。

　8月6日昼　オスロにて　多聞

写真:オスロのカールヨハンス通りとグランドホテル（ノルウェー）

◎カールヨハンス通り：パリのシャンゼリゼー通り、ベルリンのウンターデンリンデン通りのように多くの観光客を魅了する。

119 　午後から地下鉄に乗ってホルメンコーレンの丘へ行った。気のきいた木造りのレストランがあって街の眺めがいい。ノルウェー人はスキーを履いて生まれてくると言うが、立派なジャンプ台もあり、ここがノルディックスキーの大本山として昔から有名なのもうなづける。

　ホテルに戻る途中、カールヨハンス通りを王宮まで歩いてみた。幅は狭いが心地よい通りだ。

　7月10日付の手紙はベルリンで受け取った。有難う。

　8月6日　オスロにて　多聞

写真：フログナーゼッターレンの丘（オスロ）
◎ホルメンコーレン：ノルディックスキーの聖地と言われている。

120 ヨウチャン　ゲンキデスカ。ソシテイツモイイコデオカアサマノ　オッシャルコトヲキクデセウ。ノルウェーノカアイイコドモカラ　ヨウチャンニヨロシクイッテイマス。

　8月6日　オスロ　デ　パパ

写真：ノルウェーの伝統的人形 Milly Heegaard

121 ヤッチャン　オタンジョウビガキマスネ、オメデトウ。
オナカヲワルクシタリシテイマセンカ。
8月6日　オスロ　デ　パパ

写真：ノルウェーの伝統的人形 Milly Heegaad

122 8月7日、朝9時半オスロ中央駅発。ベルゲン鉄道でGolゴール、Myrdalミルダールを経てVossヴォスに夕方6時着。ヴォスから自動車で約1時間、夜8時に、ここStalheimスタールハイムのホテルに着いた。ベルゲン鉄道はHardangerハルダンゲル高原を突っ走り、フィヨルドに沿って、渓谷あり、氷河あり、断崖あり、珍しい絶景が楽しめる鉄道だ。ここは山の麓にある唯一のホテル。今も満員だが冬のスキーシーズンには更に混雑するそうだ。200m程の断崖の上にあってバルコニーからの景色が素晴らしい。今日はこれからフィヨルドを船で行く。

　8月8日　スタールハイムにて

写真：スタールハイムツーリストホテル（ノルウェー）

123　今朝8時スタールハイムのホテルを自動車で出発。凄い断崖を下り、ようやく Sognefjord ソグネフィヨルドの奥地 Gudvangen グドヴァンゲンに出た。そこから100トン程の気船で約5時間。午後3時、ここ Balholm バルホルムに着いた。写真の船の手前にあるキクネと云うホテルに泊まっている。部屋のテラスから眺めるフィヨルドの景色が実にいい。ノルウェーの食事は豊富で、また美味しい。ホテルのレストランでは何種類もの料理を中央のテーブルに出していて、客は自分で好きなものを自由に取ることになっている。初めて経験したが野趣があって面白い。

　8月9日　バルホルムにて　多聞

写真：バルホルムの村（バレストランド）
　　　フィヨルドと汽船

124 　今朝はユックリ寝坊をしてバルホルムを出たのが正午。船でソグネフィヨルドの旅を続けて、Vadheim ヴァドハイムに夕方 6 時半に着いた。今日は時雨模様で生憎の天気だった。北緯 61 度のこの付近では雨の日は寒い。ベルリンを出るときに持って来た荷厄介の外套が今では非常に有難い。この辺を旅行している人は殆どが英人で英国にいるような感じがする。明日はここから陸路を取って北へ進む。今度の行程の最後の日は Andalsnes オンダルスネスという村へ行くが、ここが生涯経験する最北の地になるだろう。
　8 月 9 日　ヴァドハイムにて

写真：ソグネフィヨルド（ノルウェー）

125 昨朝8時ヴァドハイム発。自動車で峠を越え、フィヨルドや湖畔に沿ったりして Nordfjord ノールフィヨルドの奥、Loen ローエンに着いたのが午後1時過ぎ。

　昼食をすませてから、ブラブラとこの写真の川に沿って奥の氷河の先端まで1キロ程歩いてみた。午後から天気が良くなってきたので、いい散歩が出来た。昨日までは曇りや雨で折角のフィヨルドの景色を十分には観賞できなかったが、今日は素晴らしい好天気で、これからまた自動車で山越えを楽しむことにした。

　8月9日　ローエンにて　多聞

写真：ノールフィヨルド　ローエン（ノルウェー）
◎ローエン：ノルドフィヨルドの奥地にある小村。北緯62度。

126 今朝9時ローエン発。さらに自動車でノルドフィヨルドに沿って進んだ。Visnes ヴィスネスでフィヨルドと別れて Stryn ストリン湖に出た。実に絶景だ。湖水を過ぎると急峻な登りになっていて、岩山、雪山を眺めながら1039mの高さまで登った。頂上は荒漠たる荒野で、氷河がすぐそばに見える。12時過ぎに写真の一軒家にたどり着き、今、Grotli グロートリと云うホテルで昼食を取っている。

　ここでゆっくり休んで4時過ぎに Geiranger ガイランガーフィヨルドへと下って行き、今夜はそこで泊ることにする。今日は康ちゃんの誕生日。

　8月11日昼　グロートリにて　多聞

写真：グロートリホテル（ガイランガー、ノルウェー）

127 4時過ぎにグロートリのホテルを出て、1000 m余りを降って、今、ガイランガーフィヨルドの Utsikten ウツシクテンと云うホテルに入った。ホテルのヴェランダからフィヨルドの眺めが実に絶景だ。グロートリからここまでの自動車もまた凄い断崖の中を走った。丁度、中禅寺湖から日光へ降る

数十倍凄いやつだと思えば想像がつく。今日は、終日快晴で絶好のドライブ日和だった。今度の旅行で今日と明日が最も景色の良いルートになっているが、この分では明日も快晴らしい。恵まれたと言っていい。

8月11日夕　ガイランガーフィヨルドにて

写真：ウツシクテンホテル（ガイランガー、ノルウェー）

128 今朝8時半、ホテルから汽船に乗ってフィヨルドの絶景を楽しみながら、午前11時半 Valdal ヴァルダールに着いた。ここまでのフィヨルドがノルウェーで一番美しいと言われている。幸い天気は快晴。さらに12時に自動車でヴァルダールを出て1000 mの高地に登り、さらに北へ進んで入江奥の Andalsnes オンダルスネスの村までやって来た。凄い景色は最後のルートとして相応しく、山岳美、渓流美は余りにも凄く、余りにも雄大だった。ここが北緯62度50分!! 生涯到達する最北の地なるだろう。

8月12日　オンダルスネスのパークホテルにて　多聞

写真：ロムスダールの氷河とフィヨルド
　　　（ノルウェー）

129 この写真の奥に見える白い建物がオンダルスネスのパークホテルで、昨日は昼食と夕食をここで取り、夜9時発の夜行でオスロに帰って来た。6日間にわたる素晴らしい山、水、渓谷、断崖を満喫したフィヨルドの旅も終わった。汽車に乗ってから暫く車窓の風景に窓も閉めもせず夜半まで眺めていた。白夜の景色に見とれていると顔が陽に焼けるほどだった。

今、オスロを午前11時に出発するストックホルム行きの汽車を待っているところだ。今夜はストックホルムに着く。

8月13日朝　オスロにて　多聞

写真：オンダルスネスとパークホテル（ノルウェー）

130 　今朝11時、オスロ発。午後1時半に国境の町 Charlot-tenberg シャロッテンベルグ駅を通過してスウェーデンに入った。ノルウェーと異なり、スウェーデンは平野だ。ドイツ樫に似たタンネンの森と点在する多数の湖が車窓の風景だ。夜9時、ストックホルム中央駅着。写真の上部白い建物（←印）のグランドホテルに泊まっている。市街地は数条の川と入り江にまたがっていて Malaren メーラレン湖に面した美しい水都だ。

　　8月13日夜　ストックホルムにて　多聞

写真：ストックホルム市中心部とメラーレン湖（ストックホルム）

131 午前中、ガムラスタンの旧市街を歩いてみた。スウェーデンは王国で 17 世紀にはこの地域の覇権を握っていたことがあった。そのため中世の街並みを残して立派な建物も多かった。写真は王族が眠る 13 世紀起源の教会。

これから、1 時半発のスウェーデン国営 AB-アエロトランスポート航空でフィンランドのヘルシンキに向かう。今、郊外のブロンマ空港に着いたところだ。ここは昨年開港したばかりの空港で、開港時から滑走路が舗装されている。

8 月 14 日午後　ブロンマ空港(ストックホルム)にて　多聞

写真：リッダーホルム教会（ストックホルム）
◎ AB-トランスポート航空：後のスカンジナビア航空

132　昨夜、ストックホルムを午後1時55分発の飛行機で、午後5時20分、無事フィンランドの首都に着いた。時差1時間、2時間半で飛んで来ことになる。飛行機は14人乗りのドイツ製ユンカースG24型機だった。初めて飛行機に乗ったが、ストックホルムの上空でもフィンランドの上空でも多くの島々や幾多の湖水の風景が美しかった。ホテルで乾式風呂に入った。芳香のある木の葉で身体をたたくと汗がでる。野趣があって面白い。明日からバルト三国を2泊3日で訪ねる。

　8月15日　ヘルシンキ(フィンランド)にて　多聞

写真：ヘルシンキの市街、港、大聖堂

133　フィンランドは同じスカンジナビアの国でも少し様子が異なる。歴史やルーツが違ってお互いの言葉が通じないそうだ。首都の人口は50万。午後1時15分発の飛行機で対岸のエストニアの首都 Talin タリンに午後1時50分に着いた。時差が無いから35分で飛んだことになる。町を見物してホテルブリストルに入り、ロビーでお茶を飲んでいるところだ。タリンはヘルシンキより由緒ある町で伝統のある建物もあって落ち着いている。画は12世紀起源の教会で尖塔まで124mもある。

　8月15日　タリン（エストニア）にて　多聞

写真：A. JEGOROV 作：「セントオラフ教会」（タリン）

134 昨日、15日、午後4時、エストニアのタリン発。汽車は白樺とタンネンの林の中を南へ向かい、午後8時 Valga ヴァルガで国境を越えてラトビアに入り、夜11時半、首都の Rega リーガに着いた。

　この町は人口40万。ダウガヴァ川畔で、バルト三国の中では最大の都会だ。これらは先の大戦後にできた国々で、小国ながらもそれぞれ独自の言語を持っている。国民は自国語の外に、ロシア語、ドイツ語を自由に話すようだ。ホテルローマに泊まっている。

　8月16日　リーガにて　多聞

写真：リーガの港と大聖堂（ラトビア）

135 今日、午後2時半、リーガを出て南へ進んだ。4時ごろ Joniskis ヨニシュキスの国境駅でリトアニアに入った。バルト三国の地形は平坦で風景は満州の広野を走っているような感じがする。

　農家は木造の粗末なものが多く、農民の中にはハダシで暮らしている者も見受けられて生活はかなり貧しそうだ。この絵では鶏がいて井戸があり、農家も見えて水を運ぶ人の姿がこの辺の牧歌的な風俗を上手く表している。

　これより汽車はリトアニアを更に南下して東プロシアに入る。

　8月16日　Shyaulyai シアウリアイ駅(リトアニア)にて　多聞

写真：リトアニアの農村風景

136 昨夜8時半、Tilsitチルジットの国境駅で東プロイセンに入った。夜10時半、首都のKonigsbergケーニッスベルヒ着。運悪く年一回の見本市(メッセ)が催されて、ホテル、ペンションとも一室も空いていない。如何したものかと迷っていると、駅に出向いている市の職員が個人の家を世話すると言う。それも面白かろうとStangeという人の家に厄介になった。今日は朝から暴風雨で見物にも出られなかったが、11時頃から小やみになって町を散歩した。午後1時半発の汽車で今夜8時ベルリンに着く。

　8月17日　ケーニッスベルヒにて　多聞

写真：ケーニッスベルヒ市街（東プロイセン）

◎東プロイセン：中世、ドイツ騎士団が活動していた頃からドイツとつながりの深く、この時代はドイツのプロイセン州でドイツの飛び地だった。現在はロシア領でロシアの飛び地になっている。
◎ケーニッヒスベルヒ：現カリーニングラード

137 　今、ポーランドの廊下と言われるコリドールを通過中。東プロイセンとドイツ本土との間はポーランドの領土が細長く割り込んでいてバルチック海に顔を出している。そこにDanzig自由市という小さな独立国がある。独立国と言っても実権はドイツに握られている。複雑だがこの地域は中世以降ドイツ騎士団の影響下にある。ここに来るまでの車窓の風景はバルト三国と変わったところは無いが、家族総出の農民の姿はやはり貧しそうだ。

　写真は13世紀起源のドイツ騎士団の城。

　8月17日　ポーランドのコリドールを通過中の車中にて

写真：マリエンブルグ城（東プロイセン）
◎ダンチッヒ：現グダニスク（ポーランド）

138 昨日、東プロイセンからポーランドのコリドールを通過して、再びドイツに入ったのが午後5時過ぎ。そこからベルリンまで4時間。牧場と麦畑の広野を快走する。

日が暮れてベルリンの灯が見えてきた。

旅からここへ帰って来るといつも懐かしい思いがする。

この写真はスタットパークの橋で、この下にはいつも利用している地下鉄の駅がある。

塔が見えているが、これはシェーネベルクの区役所の時計台で、朝晩下宿のバルコニーから眺めている。

　8月18日　ベルリンにて

写真：シェーネベルグ橋と市役所の時計台（ベルリン）

139 北欧とバルトから帰って来たら各方面からの手紙が溜まっていた。この2週間は特に忙しく、鉄道省の事務所に缶詰状態だった。

　渡米を取りやめたという電報は一昨日ベルリンで受け取った。昨夜、9月2日ベルリン発。まだ訪れていないユングフラウとマッターホルンを見るために、オーストリアを経由してスイスに行くことにした。ルートをチロル地方に取って、今、Innsbruck インスブルックのライン河畔のカフェで憩んでいる。チロル独特の山男や田舎の風俗に出会うのは楽しい。この画はこの地方の情景をよく表している。

　9月3日正午　インスブルックにて　多聞

写真：Alfons Walde 作、「夏のチロル」（オーストリア）

140 スイスを訪れることこれで4度目だ。今日午後2時、インスブルックを出てチロル地方を横断、シュナイダーの出身地サンアントン（St. Anton）を通過。Arlberg アールベルクの岳（2800 m）と渓の風景を思う存分味わった。幸い、今年の気候のせいで、9月になった今でもエーデルヴァイス白い花が峠一面に咲いていた。午後5時半ブックス（Buchs）でスイス領に入り黄昏のチューリッヒ湖を堪能して、夜8時半チューリッヒに着いた。

　明日は、ツェルマットに向かう。

　9月3日　チューリッヒにて　多聞

写真：ルツェルン（スイス）

◎シュナイダー：オーストリア出身の有名なスキー選手（Hannes Schneider）の出身地が St. Anton。映画にも出演している。1930年には来日したことがある。

◎エーデルヴァイス：1938年にヒットラーはオーストリアを併合した。ミュージカル「サウンド　オブ　ミュージック」の中でトラップ一家はエーデルヴァイスが咲くこの峠を越えてスイスに逃れる。

141 　今朝7時49分チューリッヒ発。昨日に比べてひどい降り方だ。雨の中を汽車はチューリッヒ湖、次いでスイスで最も景色のいい Vierwaldstatter フィーヤヴァルドステッター湖に沿って走る。雨のため何も見えない。やがて San Gottard サンゴタールトンネルのスイス側に着いた。ここから登山電車で山の上の Andelmatt アンデルマットへ登って、さらに狭軌の Furka Oberalp Bahn フルカオーバーアルプ鉄道で標高2000mの高原を走り、1時半にこの Brig ブリークまで降りて来た。これからマッターホルンの見える Zermatt ツェルマットへ向かう。

　9月4日午後2時　ブリーク駅にて　多聞

写真：ブリーク駅と Wassenhorn ワッセンホルンの鋭峰
◎ Furka Oberalp Bahn：現マッターホルン・ゴッタルド登山鉄道

142　今、このテラスで朝食中。今日は素晴らしい天気だ。このホテルのある丘は標高約 3000 m。ここから周りに見える 4500 m 級の雪の山々、氷河が日光の反射で目が痛いようだ。おそらくこの眺めはスイスで最も豪快な眺めだろう。

　マッターホルンを眺めつつ。

　9月5日朝　　ゴルネルグラット　にて　多聞

写真：クルムホテルとマッターホーン（スイス）

143 Gornergrat ゴルネルグラットの見事な雪の山、氷河の大集団に魅せられて山に心酔して降って来た。午後1時半発の電車で3000 mの山から遙か下界のViage ヴィエージ駅に着いて、今、本線のモントルー行き汽車を待っているところ。待ち時間に駅前のブッフェでビールとサンドイッチで遅めの昼食を取っている。昨日はあんな高地にいることも忘れてワインを一本あけて寝たところ、夜中に目が覚めて頭が痛くて困った。山に酔ったに違いない。

　9月5日夕5時　ヴィエージ駅にて　多聞

写真：ヴィエージの町（スイス）

144 ヴィエージから Montreux モントルーまで汽車で2時間余り。アルプスの雪解け水と共に Rhone ローヌの川流れに沿ってレマン湖に至る。川の両側は3〜4000 m級の山々がそそり立ち、言葉では表せない程の絶景だ。　モントルーはローヌ川の流れ込む所にある。昔から有名な湖畔の避暑地だ。湖水に面したコンチネンタルというホテルに泊まっている。部屋の窓から湖面に映る美しい街の灯が見える。ここへ来るとまたフランス語でウィムッシュウの挨拶も懐かしい。

　9月5日夜　コンチネンタルホテル(モントルー)にて　多聞

写真：モントルーとレマン湖とアルプス（スイス）

145   Yo-chan, Ya-chan

9月6日　モントルー、スイス

写真：ホスピス犬、セントバーナード

146 　今日、午後2時20分モントルー発。1メートルゲージの狭軌の電車はモントルーの裏山を蛇行して登る。眼下に見下ろすレマン湖の水が美しく映えている。インターラーケンに出る路は期待していた程ではなく平凡なものだった。Spiez スピーツでこの2月にここを訪れた時と同様に Thuner See ツーンの湖を眺めつつ、Interlaken インターラーケンまで湖畔を走った。そこで乗り換えて Lauterbrunnen ローターブルンネンへ、更に Wengen ヴェンゲンへは、この2月に来た時の路とは逆のルートを行く。

　今、ヴェンゲンのホテルから黄昏に白くユングフラウの威容が眺められる。

　また、ミューレンの灯もここから見える。

　9月6日　ヴェンゲンにて　多聞

写真：レジナホテル　ヴェンゲン（スイス）

147　今朝8時半、ヴェンゲンのホテルを出て、クライネシャイデックまで電車で登り、更にユングフラウ鉄道に乗り換え、3457 mのJungfraujochユングフラウヨッホに着いたのが10時半。今日はまた素晴らしく晴れた日でギラギラと雪の反射が目に痛い。ユングフラウ、アイガー、メンヒの三山は手に取るように近く、ここに3時間滞在して午後2時半の電車で降りる。

　9月7日　ユングフラウヨッホにて　多聞

写真：ベルグハウス　ユングフラウ（スイス）

148 9月7日の第2信。ユングフラウヨッホから降りて来て、グリンデルワルト駅に着いたのが午後4時過ぎ、乗り換えの間、ここから見える写真のウェッテルホンを写真に撮るべくホームに出ていると、何処からか「タナベ〜ッ!!」と呼ぶ者がいる。誰かと見るとパリ事務所の藤島氏夫妻だ、意外なところでの奇遇を語りながら、ルッツェルン行きの予定を変更してここに泊まることにした。そして、夕食までの間静かなこの町を共に散歩した。

　9月7日　グリンデルワルトにて　多聞

写真：ウェッテルホン　グリンデルワルド（スイス）

149 　静かなグリンデルワルとの村で、昨夜はよく寝た。今朝、8時半ごろ、藤島さんのパリに帰る自動車に乗せてもらって、インターラーケンまで送って貰い、そこで、また、パリで会う迄の別れを告げて、9時15分発のルッツェルン行きに乗った。鉄道は狭軌。途中標高1000ｍの峠を越える。ノロノロとした汽車だが、やがて12時過ぎにはルツェルンに着いた。ここは、湖畔の美しい町だ。スイスの湖のうち最も美しいフィーヤヴァルドスタッター湖に面した感じのいい町だ。

　9月8日　ルッツェルンにて

写真：ルッツェルンとピラトス山（スイス）

150 ルッツェルンからチューリヒ経由でベルリンに帰るつもりだったが、急に予定を変更して、スイスで最も景色がいいと言われるフィーヤヴァルドスタッター湖を船で行って見たくなって湖畔の Fluelen フリューレンまでやって来た。ここは湖の南の位置あり、Altdorf アルトドルフに近い。

　今、昼時だがこれから2時14分の汽車で湖沿いをチューリッヒに引き返した後ベルリンに向かう。スイスともこれでお別れだ。

　9月9日　フリューレン（フィーヤヴァルドスタッター湖）にて　多聞

写真：フリューレンとブリステンストック山（3074m）（スイス）

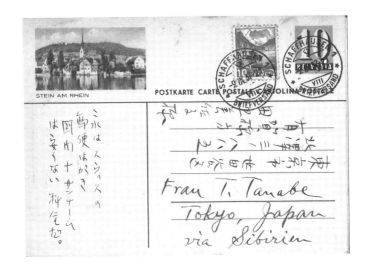

151 　フリューレンを午後2時14分発の汽車に乗り、一路ベルリンへの車中だ。この汽車はベルリン・アンハルター駅まで直通だ。先ほどチューリヒを過ぎ美しいスイス独特の牧場と田園風景を車窓に送りつつ、おなじみの国境駅 Schaffhausen シャウハウゼンに向かって進んでいる。あと約30分、5時頃そこを過ぎればドイツ国境駅の Thayngen タインゲンに着いて一路ベルリンに帰ることになる。Stuttgart スツットガルト経由で明朝8時にベルリン着の予定。2、3日ベルリンにいて、いよいよ英国へ出発する。

　これは、スイスの普通の郵便はがき。10サンチームは安くない料金だ。

　9月9日　ベルリンへ帰る夜行車中にて　多聞

◎葉書の左方の絵：Stein Am Rhein スタインアムラインの町。

152 今日はドイツ語の先生、フォイヤー嬢とミーツケ夫人を世話になったお礼に食事に招待した。ここは、ベルリン一番のケンピンスキーという高級ホテル内のレストラン。

　二人が一筆書いてくれたので日本語に訳しておく。

　フォイヤー嬢から。

　今日は田辺さんのお別れの宴に招待されています。

　私は奥様のために健康と幸福をお祈りします。

　ミーツケ夫人から。

　ご主人がやがてベルリンを去られることは大変残念です。私は親しく奥様にご挨拶を申し上げます。

　9月12日　ホテルケンペンスキー内レストランにて

写真：ホテルケンペンスキー（ベルリン）

153　9月14日、10カ月も世話になった下宿のホテルプラガーハウスを引き払っていよいよ本日ベルリンを立つ。これが、ベルリンから出す最後の便りとなろう。この写真は今のドイツを最も象徴的に語るものだ。

　9月14日　ベルリンのツォーの駅にて　多聞

写真：ヒットラー

154　昨日、9月14日、午後2時11分にベルリンを立った。汽車は午後7時、国境を越えてオランダに入り、夜11時にロッテルダムの外港 Hoek van Holland ホエクヴァンホランド港着。そこから、連絡船で夜11時半出帆。今朝6時半、英国の Harwich ハーウィッチ港着。7時発の汽車に乗りロンドンリバプール駅着に8時半に着いた。

　先ずは、大英博物館へ行ったが巨大過ぎて、古代エジプトの展示を駆け足で回ることしか出来なかった。

　今、ヤマトホテルと云う日本人経営のホテルに泊まっている。明日、スコットランドへ向かう。

　9月15日　ロンドンにて　多聞

写真：ピカディリーサーカス（ロンドン中心部）

155　朝から町の中心やシティーも訪ねた。昼はボンド通りの洒落たカフェでサンドイッチと紅茶をたのんだ。午後4時、ロンドン・ユーストン駅発。夜8時、マンチェスター着。人口は100万。英国の工業を支える都会だがクスボッタ田舎臭い町だ。

　大阪は東洋のマンチェスターなりと言っていたものだが、今ではマンチェスターは西洋の大阪なりと言わねばなるまい。

　泊っているクイーンスホテルの読書室では暖炉で薪を焚いている。古風で楽しい。明日はスコットランドへ行く。

　9月16日夜　マンチェスターにて　多聞

写真：マンチェスターアルバート広場と市役所　（イギリス）

◎東洋のマンチェスター：戦前まで大阪は先進工業国イギリスの工業都市マンチェスターになぞらえて「東洋のマンチェスター」と言われた。ただ、知識人から見るとマンチェスターもこんな程度だったようだ。

156 　今朝、10時10分の汽車でマンチェスターセントラル駅発、11時リヴァプール着。ここで3時間、港を見物した。カナディアンパシフィックやキュナードラインの大きなドックと岸壁がある。人口80万。午後2時25分、リバプール駅を出発して、今、エジンバラに向かっている。小雨まじりの鬱陶しい天気だが、沿線は主に牧場で牧歌的な風景がのどかにつづく。

　9月17日　エジンバラへ向かう車中にて　多聞

写真：リヴァー、キュナードラインのオフィスビル（イギリス）

157 リヴァプールを立って、今夕7時半、エジンバラに着いてスコットランドという地に始めて歩を印した。ここは英国にしては小綺麗で落ち着いていて、南のイングランドとはかなり雰囲気が異なる。今日は一日雨模様でウスラ寒い。冬の外套が役に立つ。今、この絵のすぐ手前にあるノース・ブリティッシュと云うゴルフボールのような丸い屋根のホテルに泊まっている。

9月17日　エジンバラにて　多聞

写真：プレンセス通り　エジンバラ（イギリス）

158　今朝、9時55分エジンバラ発。先ほど、有名なこの橋フォースブリッジを通過した。朝モヤがだんだん晴れて入り江の景色が美しかった。今、セントアンドリュースのゴルフ場へ向かう車中だ。あと1時間、午前11時半には着く。

　　9月18日　セントアンドリュースへ向かう車中にて　多聞

写真：ザ・フォースブリッジ（スコットランド・イギリス）

◎フォースブリッジ：スコットランド東岸にかかる鉄道橋。世界遺産。この橋の建設には一人の日本人技師が関係した。
　渡邊嘉一（1858年〜1932年）という長野県上伊那郡　の出身で、多聞の父、田邉朔郎とは工部大学土木学科の同級生。

159 今朝11時半、セントアンドリュースに着いた。早速、ワンラウンド回った。素晴らしい天気に恵まれて、絶好のゴルフ日和。実に気分のいいこの海岸のコースで波の音を聞きながらゴルフを楽しんだ。持参のクラブをゴルフの大本山でスウィングする機会を得た。写真の左にあるのがクラブハウス。一緒に回った仲間と右にあるホテルでハイティーをやっている。

　9月18日　セントアンドリュースにて　多聞

写真：セントアンドリュースのパッティンググリーンとクラブハウス（スコットランド・イギリス）

◎ハイティー：アフタヌーンティーよりもさらに遅い時間に行うイギリスの食習慣。

160 このグレンイーグルのホテルは素晴らしく豪勢なものだ。

今日はここのキングスコース、クィーンズコース合計36ホールを回り、その後お茶を飲んでから、また、別の9ホールを回って完全に疲れた。今日、午前中は実に好い晴れやかなゴルフ日和だった。

9月19日　グレンイーグルにて　多聞

写真：グレンイーグルゴルフクラブ（スコットランド・イギリス）

161 　昨夜、8時17分グレンイーグル発。グラスゴーには夜10時に着いてセントラルステーションホテルに入った。今朝は、昨日のゴルフの疲れで寝坊した。昼前から2時間ばかり写真のグラスゴー大学と街の見物をした。父上の恩師、ダイヤー教授はこの大学の出身だ。帰国後もグラスゴーに住み、父上は教授のお宅を2度訪ねたと聞いている。残念ながら数年前に亡くなった。

　これから1時20分のコロネーションという汽車でロンドンに帰る。

　9月20日　グラスゴーにて　多聞

写真：グラスゴー大学（スコットランド・イギリス）

◎ダイアー教授：Henry Dyer。グラスゴー大学工学博士。工部大学（後の東京帝国大学工学部）教授。明治6年（1873年）から9年間、工部大学の教壇に立ち多くの学生を指導、日本の科学教育に多大の貢献をした。

162 エジンバラから帰途、急に気が変わってYorkヨークに一泊することにした。中部英国の古都だ。英国旅行の行程は右の如し。

　9月20日夜
　　ヨークにて　多聞

写真：ロイヤルステイションホテルとヨーク駅前広場
　　　（ヨーク・イギリス）

163　21日午後2時ロンドンに戻ってから4、5日忙しく過ごした。昨日は、ユーストン駅から汽車でStratford-upon-Avonストラトフォード・アポン・エイボンに行きシェークスピアの故郷を訪ねて、のどかな田舎町を楽しんだ。帰りがけにオックスフォード大学にも寄った。これでヨーロッパの日程は全て終わったが、明日、パリに一旦戻って、その後、30日にオランダを経由してドイツのブレーメン港からアメリカ行きの船に乗ることにする。

　9月26日　ロンドンにて　多聞

写真：ライセスタースクエアー（ロンドン）

164 昨日27日、朝9時ロンドン・ブリッジ駅を出てDoverドーバー港へ、連絡船でCalaisカレー港に渡り、汽車に乗り換えて午後3時47分パリ・東駅に着いた。

　藤島夫人にお願いしていた日本への土産の品を受け取るためにパリに立ち寄った。今は、秋のシーズンが始まったばかりでパリは旅行者で大変混雑している。昨日、予約なしで飛び込んだホテルドパリは満員で断られたので、ホテルドディエナと云うのに泊まっている。今日は朝から藤島氏を訪ね、昼をご馳走になった。

　9月28日　最後のパリにて　多聞

写真：リュクサンブール（パリ）

165　昨夜、6時10分パリ発。L'Oiseau Bleu（青い鳥）と云うお伽話に出てくるような名前の列車で、小便小僧のいるブラッセルに来た。これを見るためでなくパリのホテルが余りにも混雑していたのと、ブレーメン行く途中でユックリ寝たかったからだ。

　9月30日　ブラッセルにて　多聞

写真：小便小僧（ブラッセル・ベルギー）

166　今日午後 12 時 47 分ブラッセル発。アントワープ、ロッテルダム、ハーグを経由してアムステルダム 4 時半着。これから乗り換えてオランダを横断して、今夜 11 時半 Bremen ブレーメンに着く筈だ。今日は実に好い秋日和。オランダの農村の放牧と風車の景色をながめつつ車窓を楽しんだ。ふと、スペインの落ちぶれ騎士ドン・キホーテの愉快な一場面を思い出した。風車を巨人と勘違いして戦いを挑んだという話だ。

　9 月 30 日　アムステルダムにて　多聞

写真：アムステルダム、ロキン通り（オランダ）

167 　アメリカ行きの船にのるためにブレーメンに着いた。今夜アムステルダムからここに、夜12時に着いた。前もってホテルを予約していなかったので、どうかなと思っていたが、やはり何れも満室。やっとアルバートと云う駅前のホテルに部屋を得てドイツの最後の夜を過ごそうとしている。欧州の各地を歩いて見て一番居心地が良さそうなのはドイツのような気がする。明朝10時半出航。

　9月30日　ブレーメンにて　多聞

写真：セントガリキルシェ教会（ブレーメン・ドイツ）

168　今朝7時25分ブレーメン発の港行の列車に乗った。8時40分岸壁着。11時出帆。いよいよドイツを離れた。晴天。ニューヨーク航路のこの船は静かな北海を今、英国のサザンプトンに向かっている。明朝9時着の予定。その後、同日午後4時フランスのシェルブールに着き、その後一路アメリカに向かう。7日NYに着くことになる。船は大きいが食事、その他は感心しない。この絵葉書はシベリヤ経由で出す最後のものだ。船は振動が多くて乗り心地は良くない。

　10月1日　サザンプトンに向かう船上にて　多聞

写真：ブレーメン号（ドイツ船　5万1千トン）

169　今朝、9時サザンプトン着。11時半出航、今、フランスのシェルブールに向かっている。午後4時に着いて、それから船はNYへ向かう。

　　10月2日午後2時シェルブールに向かう船上にて　多聞

写真：ブレーメン号のレストラン

170 とうとうこの街へやって来た。自由の女神を左舷に見ながら船はハドソン川をゆっくり遡り間もなく着岸した。船からマンハッタンに聳える摩天楼の林を見た時は、想像していたよりも遙かに大きくて驚いた。朝日に映えるこの壮観はスイスの山にも例えられるような気がする。

　朝、着岸したものの旅券の検査などに手間取って、上陸が午後4時。このニューヨーカーと云うホテルに入り、エレベーターに乗ってほんの短い時間で数十階の部屋へ案内された。

　10月7日　多聞

写真：ホテル・ニューヨーカー（NY）

◎旅券の検査：日本は既に国際連盟を脱退し、7月には日中戦争も始まっていた。日本人の入国検査はだんだん手間取り始めていたようだ。

◎ホテル・ニューヨーカー：1929年開業で部屋数2,500室。当時超一流ホテル。1泊3.50ドル。

171 昨日このビルの頂上へ昇った。一番上は70階。50階まで止まらずに昇る。上にレインボウグリルがあって、アメリカ流に World's Loftiest Night Rendezvous 最高の夜会の場所だと自慢している。この下に、東宝を大きくしたような映画館と音楽やオペラを上演する劇場がある。これも World Largest Theater と称している。映画は音や光の具合など非常にいい。オペラはとにかくキレイだ。

午後からマンハッタン南端のウォール街にも行ってきたが意外にも狭い地域で驚いた。

8年前、ここで株が大暴落して世界が大恐慌に陥ったのはまだ記憶に新しい。

10月9日　NYにて

写真：ロックフェラーセンター（NY）

172 昨日、鉄道省の事務所へ行って、9月20日付の手紙や新聞、中央公論を受け取った。有難う。昨日、このロックフェラーセンターの頂上へ昇って街を見た。これは頂上のルーフガーデンで買った絵はがき。正面の高いのがエンパイヤステートビル、パリのエッフェル塔よりも30 mほど高い。NYまで来ると、チョット東京に帰ったような気がする。街に街路樹がないことや店の模様、クイックランチの様子など摩天楼を除いたら銀座日本橋通ソックリだ。

 10月9日　NYにて

写真：正面エンパイヤステートビル（マンハッタン）

173 今日、昼12時半、マンハッタン中心にあるペンシルベニア駅を出発して、ワシントン・ユニオン駅に午後4時半に着いた。距離230マイル。丁度、東京名古屋間ほどだ。途中、フィラデルフィアを過ぎる頃から列車は林の中を走る。折柄、秋も深く黄葉、紅葉が美しい。ワシントンは小奇麗な町だ。例の有名な議事堂は駅のすぐ前にある。今では昨年竣工した日本の国会議事堂の方が大きくもあり立派でもあるだろうが。

　10月13日　ワシントンにて　多聞

写真：ワシントンの議事堂

174 今日はワシントンの町を見物している。ここは、静かで落ち着いて樹木に富んだ綺麗な町だ。リンカーンやジェファーソンの記念堂も例の桜並木も見てきた。5月なら3000本の桜が満開だろうが。あと時間があったので写真のワシントンが住んでいた家、マウント・ヴァーノンにも足を延ばした。

　10月14日　マウント・ヴァーノンにて　多聞

写真：ワシントンの家

175 ボストンに来た。

午後1時、NYグランドセントラル駅発。ヤンキー・クリッパーという贅沢な汽車に乗った。

ボストンの南駅に午後5時半着。

距離は230マイルでNYとワシントン間の距離だ。NYを出発して20分も走ると、郊外住宅地から美しい林や牧場が目に飛び込んでくる。紅葉ならぬ黄葉が美しい。今、このバーガーハウスホテルの10階にいる。

窓からの眺めも美しい。

10月19日　ボストンにて　多聞

写真：パーカー・ハウス　ホテル

176 午前中、ボストンの街の見物に出かけた。ケンブリッジ地区に行くとハーバード大学やマサチューセッツ工科大学があり、この辺りは黄葉が美しく静かなニューイングランドの代表的な風景が広がる。午後は、郊外のLynnリン市へ行った。50年近く前に父上がここを訪ねて電気鉄道を視察した。

　午後3時20分発の飛行機でＮＹに戻った。ＮＹ着4時40分。相当な風雨の中を上空へ昇ったら約2000ｍの高度で飛んでいた。アメリカン航空のダグラスDC2型機でＮＹに戻った。

　10月20日夜　ＮＹにて　多聞

写真：ハーバード大学医学部

◎電気鉄道：明治28年（1895年）2月1日、琵琶湖疏水が生み出す電力を利用して京都に日本初の電気鉄道（路面電車）が誕生した。

琵琶湖疏水と田邉朔郎 (2)

　田邉朔郎は土木工学者だったが、電気工学の知識もあった。明治23年（1890年）4月、時の京都府知事、北垣国道の構想の下で琵琶湖疏水と共に「蹴上発電所」を完成させた。

　工事が行われていたその真っただ中、田邉はアメリカで水力発電が始まったとの情報を得て視察に出かける。

　明治21年（1888年）11月から2カ月間アメリカに滞在し、電気事業と水力発電の将来性について調査した。

　12月3日ボストン郊外のリン市に到着。トムソン＆ヒューストン社 Thomson & Houston Electric Company（後のGE ゼネラルエレクトリック社）を訪問し電気鉄道の説明を受けた。

　当時、リン市及びその周辺はアメリカでも先進工業地域で、前年の1887年に既存の馬車鉄道が電気鉄道（路面電車）に置き換えられ旺盛な交通物流需要に応えていた。

電気鉄道事業発祥地
場所：JR京都駅前
内容：明治28年2月　琵琶湖疏水が生み出す電力を利用して、京都七条〜伏見の6キロ間で日本初の電車が走った。

日本初の電気鉄道の碑

田邊はこの状況を見て、間もなく電力の時代が来ることを確信する。

　田邊の視察はまだ続いた。

　12月28日コロラド州山中のAspenアスペン銀鉱山を訪問し、稼働直後の水力発電所を視察した。これは坑道内に明かりを灯すための小規模で幼稚なものだったが、田邊は水力発電の将来性を確信し、発電所建設の自信を深めて行った。

　年が明けて1月3日、サンフランシスコでペルトン社を訪問。発電機を動かす水車について打ち合わせをしている。このペルトン社製水車は発電所完成時に導入された。

　一方、発電機はアメリカのスタンレー社製を使っている。

蹴上発電所

「発電所に掛かる久邇宮邦彦の扁額」
※久邇宮邦彦は皇族で昭和天皇皇后の父
（京都市上下水道局）

　水力発電の導入こそが、近代京都の発展の原動力であり琵琶湖疏水プロジェクトの価値を高らしめた。

　明治23年（1890年）4月9日、琵琶湖疏水の竣工式が平安神宮（当時はまだ創建されていない）近くで行われ、3000人に及ぶ京都市民の他、明治天皇、皇后を始め、総理

大臣山県有朋、大蔵大臣松方正義、海軍大臣西郷従道、文部大臣榎本武揚など明治の元勲たちが出席した。

　京都市民は歓喜に湧き、大文字山に火が灯り、祇園に鉾が出て琵琶湖疏水の完成を祝った。

　※蹴上発電所：昭和17年（1942）年に京都市から関西配電に移管され、現在は関西電力の発電所となっている。3年前に「IEEEマイルストーン」に認定され、国内では他に「黒部第4発電所」の例がある。

　以下、関西電力ホームページから引用。

　蹴上発電所は琵琶湖から京都へ水を導く「琵琶湖疏水」を利用した水路式水力発電所です。日本初の事業用水力発電所として、明治24年（1891年）に運転を開始し、運転開始から125年以上経った今なお、現役の発電所として電気を送り続けています。平成28年9月には、世界的な電気・電子技術の専門家組織であるIEEE（アイトリプルイー）により、権威ある『IEEEマイルストーン』に認定されました。

米国ペルトン社製水車
（京都市上下水道局）

米国スタンレー社製発電機
（京都市上下水道局）

177 ＮＹの空港は隣の州の Newark ニューアークにあってマンハッタンから自動車でたっぷり 30 分はかかる。丁度、東京で言えば川崎辺りになるだろう。ボストンを出てからずっと雨の中を飛んで来た、ＮＹに近づくと晴れて空から見る摩天楼の眺めはやはり壮観だった。

今夜はこのコモドールホテルに泊まっている。グランドセントラル駅の上にあって有名な 5 番街はすぐ傍だ。

10 月 20 日夜　ＮＹにて　多聞

写真：コモドールホテル

178 昨夜 11 時 45 分、夜行でＮＹグランドセントラル駅発、今朝 10 時半にナイアガラ駅に着いた。ＮＹ州を途中までハドソン川に沿って走り、Albany オルバニー辺りで進路を西に変えて Buffalo を経てここに着いた。ナイアガラの町の人口は僅か 8 千。駅から 1 キロばかりの町はずれに瀑布がある。滝は大きくて壮観だが名所につきものの俗悪さは不愉快だ。しかも、天下の観光地でありながら遊覧設備の不完全なことにも驚いた。

　10 月 22 日午後　ナイヤガラにて　多聞

写真：ナイヤガラ瀑布

179 　今、Toronto トロントにいる。これから 300 キロほど北東のカナダの首都 Ottawa オタワに向かう。ナイアガラを午後 4 時 40 分にボロバスで出発。ボロバスと言っても、堂々たるミシガンセントラル鉄道の経営だが。Weland ウエランドで夕 6 時発の汽車に乗り込んで、夜 8 時、ここトロントに着いた。オタワ行きの夜行が 11 時半に出るので、その間にチョット駅で休んでいる。この駅は田舎に似合わず堂々たる建物だ。

　10 月 22 日夜　トロント駅にて　多聞

写真：トロントの大学通り（カナダ）

180　昨夜11時半、トロント発の夜行で今朝7時45分オタワに着いた。エライ雨で見物も何もできない。予定では、今朝、ここで下車して半日街の見物してその後モントリオールに向かう予定だった。雨だから取あえず、このシャトウ・ローリエと云うホテルに名前が気に入ったので飛び込んだ。駅前にある。これもカナディアンパシフィック鉄道の経営で、今このホテルで朝食を取っている。

　10月23日朝9時　オタワ　にて　多聞

写真：シャトウ・ローリエホテル（オタワ）

181 　昨日、午後1時半オタワ発。オタワ川の北岸に沿って白樺やプラタナスの美しい景色を車窓から眺めながら、午後4時45分 Montreal モントリオールに着いた。贅沢なパーラーカーだった。今、駅前のウィンゾルと云うホテルに泊まっている。ここはもう北緯45度。満州の新京や樺太の大泊あたりであろう。寒い。冬は零下30度にもなるらしい。人口120万でカナダの経済の中心だ。市民の65パーセントはフランス人で75パーセントはカトリックの信者。家の造りもフランス風で掲示や広告も英仏の両文で書かれている。

　10月24日　モントリオールにて　多聞

写真：モントリオール中心部（カナダ）

◎新京：旧満州国の首都。現、中華人民共和国吉林省の長春。
◎大泊：日本の領有時代の樺太最南端の都市。現、ロシア、サハリン州のコルサコフ。

182　昨日、午後6時半発の列車でモントリオール発、夜10時半に250キロ北東のQuebecケベックに着いた。

　この2都市はいずれもセントローレンス川沿いにあって綺麗な町だ。

　この絵のシャトウ・フロンテナックと云うホテルに入った。川沿いにあって眺めがいい。これもカナディアンパシフィック鉄道の経営だ。今朝、ケベックの見物をしてから午後1時半の汽車でモントリオールに戻る。この町の人口は15万。ここもフランス人が多い。

　10月25日　ケベックにて　多聞

写真：シャトウ・フロンテナックホテル（カナダ）

183 昨夜、11時15分モントリオール発。オンタリオ湖北岸に沿ってトロント、ハミルトンを迂回してバッファロー着いた。この町とカナダ側を結ぶピース橋見るために立ち寄った。10年前にできたこの橋は国家プロジェクトだったそうだ。今日はこの後、午後1時半の列車でデトロイトに向かう。このところ毎日ゆう鬱な天気が続いて、この辺りでは、10月末から初冬にかけては避けられない天候だそうだ。

　10月26日バッファローにて　多聞

写真：セントラルターミナルビル（バッファロー）

184 1時半発の列車に乗って300キロ西のDetroitデトロイトに着いたのが夜7時。エリー湖北側はカナダだが、Windsorウィンザーでアメリカ側に入った。デトロイトはフォードの他、ゼネラルモーターズ、パッカード、ダッジブラザース、グラハムペイジなど有名な自動車工場が皆ここにある。ここはアメリカ工業の中心地だ。

10月26日夜デトロイトにて　多聞

写真：ホテルキャデラック（デトロイト）

◎パッカード、ダッジブラザーズ、グラハムペイジはアメリカの古き良き時代の名門自動車会社。

185 午後、デトロイトでフォードの大工場を見た後、夕方、急に思いたってニューヨークセントラル鉄道自慢のマーキュリー号に乗ってオハイオ州 Toledo トレドまで来た。アルミ車両のストリームライナーだ。デトロイトから60キロ、所要1時間。大きな港もあり設備も整っていて五大湖の交通の拠点になる。

　10月27日夜7時　トレドにて　多聞

写真：トレド（オハイオ州）

◎デトロイトと五大湖周辺：かつては、自動車の都として、またアメリカが誇る大工業地帯として繁栄の象徴だったが、現在ではその面影はなく、ラストベルト（錆びついた地帯）と呼ばれる。

186 　一昨日、トレドから 350 キロ西、ミシガン湖南の大都会シカゴにやって来た。汽車でオハイオ州 Lima リマに出てシカゴ行きに乗った。具合よく秋の晴天が続く。昨日はシカゴから 20 キロばかりのところにあるノースウエスターン鉄道の操車場を見に行った。夜は、ここの「都」と云う唯一の日本料理屋でスキヤキを食べた。シアトル生まれの、未だ日本を知らない、いわゆる二世が経営する店で主人が酌をしてくれた。

　10 月 30 日　シカゴにて　多聞

写真：ドレイクホテル、パーモビル、ノースショアー（シカゴ）

187 11月1日、午後5時シカゴ発、サンタフェ鉄道の大陸横断列車に乗って丸一日半以上、途中、ミズーリ川を渡り、ロッキー山脈を越えて、ニューメキシコ州 Santa Fe サンタフェを経てアリゾナ州の Flagstaff フラグスタッフに11月3日朝、10時10分着。午後2時のグレイハウンドのバスでグランドキャニオンに着いたのが午後4時。途中、大草原、大穀倉地帯、大山脈、砂漠を通って来た。ここは海抜2100mだから少し寒い。見渡す限り赤土色の断崖絶壁の海。ユニークな景色を楽しんだ。フレッド・ハーヴェイが経営するエル・タバーホテルに泊まっている。

　明日は、午前9時半の汽車でロスに出る。

　11月4日夜　グランドキャニオンにて　多聞

写真：グランドキャニオン（アリゾナ）

◎サンタフェ鉄道：西部劇映画によく登場するアメリカ中南部に路線を持っていた鉄道会社。

◎フレッド・ハーヴェイ：大陸横断鉄道に付随するホテルやレストラン経営で成功した。

188 5日朝アリゾナ州を南下して州都 Phoenix フェニックスに着き、テキサスから来た大陸横断列車に乗り換えて6日夕方6時32分にロス・ユニオン駅に着いた。

　途中、コロラド川までは赤茶けた大地、サボテン、低灌木が車窓の景色だった。その後は砂漠あり、渓谷あり、ロスに近づくにつれ緑も増え始めた。

　一昨夜、ロスのユニオン駅10時発のサザンパシフィック鉄道の汽車でカリフォルニアを北上して Merced マーセドに昨朝8時着。そこからバスで秋の山路をヨセミテの渓谷に入り午前11時にホテル到着。呑気に黄葉の林の中を逍遥しながら昨日の午後を過ごした。

　11月12日朝　ヨセミテのアワニーホテルにて　多聞

写真：ハーフドームとマーセド川（ヨセミテ）

189 12日午前9時発のグレイハウンドで昼前にサンフランシスコに着いた。途中は緑豊かな地域で日系移民が米作りをしている。Sacramento サクラメントはその中心だ。

　田んぼの風景も見られて懐かしかった。但し規模は日本とは比べ物にならない程大きい。

　サンフランシスコはいい町だ。

　西部には似合わない落ち着きがある。日本人街にも行って見た。中心はユニオンスクエアーで、ここから例のケーブルカーに乗るとこのフェアモントホテルに着く。ノブヒルという小高い丘にあるのでホテルの窓から港や街の眺めがいい。今日の午後 Portland ポートランドに向かう。当地宛の郵便物受け取った。

　11月13日朝　サンフランシスコにて　多聞

写真：フェアモントホテル（サンフランシスコ）

◎フェアモントホテル：歴史と文化の香りがする超高級ホテル。

190 　13日、午後1時シスコ発のサザンパシフィック鉄道に乗って、14日午後2時10分ここポートランドに着くまで丸一日の汽車の旅だった。サクラメント川を遡ってカリフォルニアを北上した。オレゴン州に入るとCascadeカスケードの3000 mから4000 mの山々が連なり既に雪が積もりスイスの山々が懐かしく思えた。明日はいよいよ一年に及ぶ旅の最後のゴール、シアトルに入る。

　11月14日夜　ポートランドにて　多聞

写真：ポートランドのウオーターフロント（オレゴン州）

191 昨日午後2時20分シアトル着。雨だ。連日ゆう鬱な天気だ。ここは人口50万。日系人も7千人程いる。函館の様な山の傾斜地に出来たような街だ。先日シカゴでシアトル生まれの日系人が経営する店ですき焼きを食べ、酌をしてくれたのを思い出した。明日は、ビクトリア経由バンクーバーへ出てそこから船に乗るかも知れない。

いよいよ旅も終わりに近づいた。

至って健康であるので安心されたい。

そちらも元気であることを願う。陽一と康雄も元気か。

28日、午後、横浜に着く予定だ。

11月16日シアトルにて　多聞

写真：ムーンライトクルーズ船　シアトル（ワシントン州）

192　昨夜シアトル発。今朝バンクーバー着。今、街の見物をして来たところ。今日正午出帆。日本へ帰る。
　　11月18日　バンクーバーにて　多聞

写真：スタンレーパーク　（バンクーバー）

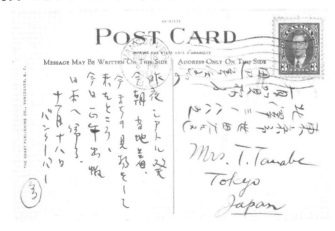

エピローグ

　多聞が帰国して4年後に太平洋戦争が始まった。
　それから4年、昭和20年（1945年）8月15日、日本敗戦。終戦当時、釜山地方交通局長の職にあった。時節柄、朝鮮鉄道の最重要ポストだった。
　進駐してきた米軍の司令官ライト中佐は彼に大きな任務を命じた。当時、軍人のほか民間の日本人が満州に100万人、朝鮮半島に100万人、日本国内に半島出身者が100万人いたとされる。それぞれが自分の故郷へ早期に帰還できるよう鉄道と連絡船を駆使して任務を全うせよとの命令だった。

　終戦から4カ月、その間、トラブルに巻き込まれ命を落しそうな状況に置かれたこともあった。双方の人々の帰還も進み、ようやく危険で、かつ激務の大任が解かれ、昭和20年12月末に帰国が許されて実家のある京都に戻った。
　引き上げ船に乗り込む際の思い出を『朝鮮交通回顧録』（財団法人鮮交会）の中で次のように書いている。

『悪夢のような4カ月であった。思えば朝鮮生活20年、敗戦のため止む無く引き揚げなければならないが、任務を完全に果たしたという満足感に浸りながらこの地を去っていく。それは個人の問題ではなく、朝鮮鉄道の栄誉のため有終

の美をなし得たという満足感だった。米軍の司令官ライト中佐が船舷に現れて固く握手を交わし最後の別れを告げた。後任の金錫寬新局長も見送ってくれた。「さらば釜山よ、朝鮮よ。たくましく建国の意気に燃えて健在なれ。」と、独り言を言った。

　衆目の見守る中を背筋を伸ばし正面を見すえ、悠然とタラップを昇った。

　まもなく船は釜山港を出航、通いなれた島影を見ながら船は速度を加えた。船室に入るや疲れと安ど感でスッカリ寝込んでしまった。』

　帰国後、終戦直前に帰還していた家族と再会し、父、朔郎の家を継ぎ京都に住んだ。

　京都に戻ると、当時の市長に請われて京都市交通局長に就任した。しかし、敗戦による厳しい試練はさらに続き、占領軍GHQによる公職追放処分で職を追われた。その後は、観光バス会社の経営に参画する傍ら、京都の西山と比叡山のドライブウェイを自ら設計し、中央官庁とのパイプを生かして国の工事認可を取り、大手電鉄会社と共同で完成させた。丁度、昭和30年（1955年）に始まった高度成長期とモータリゼーションの波に乗って事業は成功した。以来、桜や紅葉のシーズンには多くの観光客に美しい風景と憩いを提供している。

　父、朔郎の開発精神を受け継いだ72年の生涯だった。

妻、美佐子はこの時代の女性には珍しく英語が堪能だった。難関の国家試験、通訳案内士試験に合格し、外国人ツーリストの観光案内を仕事とすることもあった。

子、陽一と康雄は京都大学工学部を卒業し、それぞれエンジニアとして活躍した。後に生まれた謙三は慶應義塾大学を卒業し国際ツーリズムの道に進んだ。

釜山地方交通局長
朝鮮總督府交通局理事
田邊 多聞

終戦時まで使用していた名刺

米軍発行の釜山港門鑑（出入り許可証）
多聞は釜山港で日本人引き揚げの任務に当たっていた。釜山港の出入りの際、米軍MPに提示が必要だった。米軍司令官、ライト中佐（Lt.Col.）John K. Wright Ⅲの署名がある。

編者あとがき

　昨年の2月、京都大学土木工学教授の高橋良和先生が、当家の資料庫「百石斎」を調査された。

　祖父、朔郎と父、多聞に関係する資料の中から、先生が偶然に見つけられたのが192枚の絵葉書だった。家族への便りと云うだけではなく、戦前の欧米の様子がリアルに描かれていたのでこの時代を語る記録として残しておこうと考えた。

　出版に当たって、兄、康雄から父が欧州へ出発する直前に撮った写真を提供してもらい、さらに父の終戦時と戦後の苦難の様子などを聞いてエピローグの参考にした。また、ベルリン出身の仏教研究者、マルクス・リュウシュ氏にドイツ語で書かれた絵葉書写真の説明を日本語に訳して頂いた。㈱風詠社の社長、大杉剛氏から懇切丁寧なアドバイスが頂けた。この方々に心から感謝を申し上げる。

　編集に当り、手紙の文章がわかり難い所もあったので簡明なものに書き換えた。絵葉書の写真についてはカラーのものも多くあったが、紙面の都合上一部のみカラーで紹介した。文面で不十分のところはWikipediaとWeblio辞書を参考にして説明を加えた。

　平成31年1月

　　　　　　　　　　　　　　　　　　　　　　田辺　謙三

参考資料：
『田邉朔郎渡米日記』（田邉朔郎　明治22年11月）
『田邉朔郎博士60年史』（西川正治郎　大正13年5月）
『朝鮮交通回顧録』（財団法人鮮交会　昭和51年10月）
『琵琶湖疏水』（京都市上下水道局　昭和63年3月）

編者紹介：田辺 謙三
昭和16年（1941年）、京城（現ソウル）生まれ京都育ち。慶應義塾大学卒業。旅行会社㈱JTBに40年間勤務。海外渡航歴200回以上。現在㈱JTB　琵琶湖疏水船プロジェクトアドバイザー。

鉄道マンが書いた 世界絵はがき旅日記

2019年2月20日　第1刷発行

著　者　田辺多聞
編　集　田辺謙三
発行人　大杉　剛
発行所　株式会社風詠社
　　　　〒553-0001　大阪市福島区海老江5-2-2
　　　　　　　　大拓ビル5‐7階
　　　　TEL 06（6136）8657　http://fueisha.com/
発売元　株式会社星雲社
　　　　〒112-0005　東京都文京区水道1-3-30
　　　　TEL 03（3868）3275
装幀　2DAY
印刷・製本　シナノ印刷株式会社
©Tamon Tanabe 2019, Printed in Japan.
ISBN978-4-434-25811-4 C0026

乱丁・落丁本は風詠社宛にお送りください。お取り替えいたします。